AF592193

Au Pôle Nord en Ballon

PAR

H. LACHAMBRE & A. MACHURON

* * *

LIBRAIRIE NILSSON. — PER LAMM, Succr

338, rue Saint-Honoré, Paris.

ANDRÉE

Au Pôle Nord en Ballon

ANDRÉE

Au Pôle Nord en Ballon

PAR

HENRI LACHAMBRE ET ALEXIS MACHURON

ORNÉ DE CINQUANTE ILLUSTRATIONS

d'après des Photographies

LIBRAIRIE NILSSON. — PER LAMM, SUCCESSEUR

338, rue Saint-Honoré, Paris.

A

A. S. ANDRÉE

Fervent apôtre de la conquête aérienne du Pôle Nord

Hommage affectueux

H. LACHAMBRE

A. MACHURON

EXPÉDITION POLAIRE ANDRÉE

(1896-1897)

AVANT-PROPOS

Dans l'après-midi du dimanche 11 juillet 1897, le ballon l'*Ornen* quittait le port Virgo, au Spitzberg, emportant dans sa nacelle MM. Andrée, Strindberg et Fraenkel, les hardis explorateurs partant à la conquête du pôle Nord.

Tous les journaux de l'époque furent aussitôt remplis d'appréciations diverses, de commentaires pessimistes ou favorables, de pronostics, d'articles pleins d'espoir ou de critique; chacun, en un mot, considérant cette extraordinaire expédition à son point de vue.

La première partie de cette hardie tentative est accomplie, et maintenant se pose un terrible point d'interrogation :

Où sont-ils ?

Les commentaires ont marché leur train. Cependant vers la mi-août on apprit qu'un des pigeons voyageurs appartenant à l'expédition Andrée avait été tué le 22 juillet par un des marins du bateau pêcheur *Alken* entre le cap Nord du Spitzberg et les Sept Iles, par 80° environ de latitude nord. Ce pigeon était porteur d'une dépêche dont on eut la confirmation plus d'un mois après, alors que le baleinier *Alken* était de retour à Hammerfest ; elle était conçue dans les termes suivants :

« 13 juillet, 12h,30 de l'après-midi, 82°,2 de latitude nord, 15°,5 de longitude est. Bonne marche vers le nord. Tout va bien à bord. Cette dépêche est la troisième par pigeon.

« ANDRÉE. »

M. Andrée aurait donc lâché trois pigeons en moins de trois jours et l'aérostat parcouru pendant ce temps une distance d'à peine 300 kilomètres, ce qui s'explique en raison du calme de la seconde journée.

Aucune autre nouvelle vraisemblable n'est parvenue depuis. On fit beaucoup de bruit autour d'un télégramme venu de Krasnoïarsk en Sibérie, annonçant qu'un ballon que l'on croit être celui d'Andrée aurait été aperçu le 14 septembre, pendant quelques minutes dans la province de Iénisseïk.

Cette dépêche était bien vague. En supposant que le ballon soit resté plus de soixante jours en l'air, ce qui est encore dans les choses possibles, il aurait dû, pour arriver jusque-là, traverser plus de 1000 kilomètres de terres habitées, où il aurait passé inaperçu ; c'est douteux! d'autre part, M. Andrée ne ferait pas un si long parcours dans des régions où les communications sont relativement faciles et où il pourrait trouver toute sécurité, sans opérer son atterrissage et arrêter le voyage.

Quand on connaît le tempérament de ces hommes d'élite qui partent haut le cœur vers l'inconnu pour tâcher de soulever le voile qui cache encore aux mortels ces mystérieuses régions, quand on a lu le récit du prodigieux voyage de Nansen et de ses compagnons, doit-on désespérer ?

M. Andrée n'a-t-il pas été choyé par la chance et les hasards ; n'a-t-il pas déjà, dans sa carrière d'aéronaute, échappé à de périlleux naufrages, dans lesquels d'autres peut-être auraient succombé ; espérons que sa bonne étoile ne l'abandonnera pas, et que la fortune qui sourit aux audacieux nous ramènera bientôt victorieux ces trois savants, qui ont droit à toute notre admiration.

Les commencements de l'expédition furent d'ailleurs très pénibles ; les entraves de tout genre, les mauvais temps, les vents contraires surtout, obligèrent les courageux voyageurs à s'y reprendre à deux fois avant de pouvoir enfin quitter la terre et voguer dans l'espace vers ce pôle inaccessible, et dont la recherche a déjà coûté tant de vies illustres à la science.

En effet, une première expédition, organisée au mois de juin 1896, se rendait au Spitzberg, y installait un ballon et tout le matériel nécessaire pour le gonflement ; puis, après une longue attente du vent sud qui ne se présenta pas, la saison étant désormais trop avancée, les explorateurs se virent enfin dans l'obligation de revenir en Europe.

Or, avant de raconter les préliminaires de la deuxième expédition, et de commencer la narration de notre voyage à travers l'océan Glacial, il nous semble utile de résumer sommairement l'histoire de l'expédition suédoise à laquelle nous avons eu l'honneur d'appartenir et de donner quelques détails sur la construction du navire aérien, ainsi que sur les travaux accomplis l'an dernier à l'île des Danois.

Pour réaliser une telle entreprise en si peu de temps, au milieu de difficultés sans nombre, dans une contrée aussi inhospitalière, il y avait tant d'obstacles à surmonter qu'il était matériellement impossible de terminer ce grand ouvrage dans une saison de deux mois à peine, comme on en jugera plus loin.

H. L.

L'INGÉNIEUR ANDRÉE

NOTES BIOGRAPHIQUES.

Salomon-Auguste ANDRÉE est né le 18 octobre 1854 à Grenna, petite ville dans la province de Smoiland; son père y était pharmacien. L'éducation paternelle, assez sévère, inculquait de bonne heure aux enfants ANDRÉE l'obéissance et la ponctualité. Le père est mort il y a quelques années; la mère, une femme distinguée, mourut au printemps 1897.

Ses études scolaires finies, le jeune ANDRÉE entra à l'École technique, institution qui répond en Suède à l'École polytechnique en France, mais destinée exclusivement aux ingénieurs civils; les officiers de l'artillerie et du génie ayant une école supérieure à part. Il choisit la division de mécanique de l'École et en sortit ingénieur; puis il travailla quelque temps, selon l'usage assez fréquent en Suède, comme simple ouvrier mécanicien dans une usine, participant en tout de la vie du simple manouvrier. Il fit plus tard des voyages d'études à l'étranger.

Ses connaissances, tant théoriques que pratiques, lui valurent la distinction d'être nommé, à vingt-six ans, professeur suppléant de physique pure et appliquée à l'École technique.

A vingt-huit ans, en 1892, il fit partie d'une expédition suédoise météorologique au Spitzberg ; il y

S.-A. ANDRÉE
[illegible]
Chef de l'expédition.

hiverna jusqu'à l'année suivante, dirigeant les expériences et les observations de l'électricité atmosphérique.

En 1884, ANDRÉE fut nommé ingénieur supérieur du Bureau des brevets, poste qui venait d'être créé; et de 1886 à 1889, il occupa en même temps une chaire de l'École technique de Stockholm.

Cependant la direction du Bureau des brevets, poste de première importance, exigeait tout son temps et toutes ses forces, et ANDRÉE se vit obligé de renoncer au professorat. Mais, ce à quoi il ne put renoncer, c'était à la pensée de l'aérostation scientifique, problème qui, dès sa prime jeunesse, l'avait toujours préoccupé.

L'Académie des sciences suédoises, qui compte parmi ses membres des hommes illustres tels que A. Nordensjold, G. Retzius, le mathématicien G. Mittaz-Leffler, les antiquaires H. Hildebran et O. Montelius, et d'autres encore, connus et estimés du monde savant, prêta attention aux projets d'ANDRÉE et, en 1892, il eut de l'Académie et de la fondation « à la mémoire de L.-J. Hjerta » une subvention pour entreprendre de l'aérostation scientifique, ce qui ne s'était jamais encore fait en Suède.

Dès lors, ANDRÉE se livre à l'aérostation et fit sa première ascension à Stockholm dans l'été de 1893.

Depuis il a fait un certain nombre d'ascensions scientifiques dont quelques-unes furent des plus périlleuses et se terminèrent par un naufrage dans la Baltique ; l'une, entre autres, le conduisit de Gothenbourg au-dessus de la Baltique, après avoir traversé la Suède dans sa largeur ; l'atterrissage offrit les plus grandes difficultés sur les récifs qui bordent l'île de Goëland. Cette dernière épreuve faillit coûter la vie à ANDRÉE ; mais ces petits accidents n'étaient pas de nature à décourager un homme de son tempérament.

Il fit plusieurs expériences de déviation à l'aide d'un guide-rope et d'une voile, et conclut qu'il était possible de corriger la marche du ballon, tout en le maintenant à une faible hauteur.

Puis, au commencement de l'année 1895, ANDRÉE présenta à l'Académie des sciences le projet mûrement étudié d'explorer en ballon la région du pôle Nord ; le départ devait avoir lieu du Spitzberg où se ferait le gonflement de l'aérostat.

Les frais calculés s'élevaient à 130 000 couronnes (environ 180 500 francs).

On ouvrit une souscription nationale qui fut couverte en quelques jours par de généreux donateurs.

	Couronnes.
M. A. Nobel, de regrettée mémoire, s'inscrivit pour	65.000
Le roi de Suède, voulant témoigner l'intérêt qu'il portait à l'expédition, en donna	30.000
Le baron Dickson, bien connu pour sa libéralité, donna aussi	30.000

La somme fut complétée par M. C. R. Lamm et quelques autres donateurs.

M. C. R. Lamm prit en outre à sa charge la partie mécanique des principaux appareils.

Une fois le côté économique assuré, ANDRÉE fit plusieurs voyages à travers l'Europe pour se mettre en communication personnelle avec les célébrités scientifiques étrangères et les faire entrer dans ses vues sur cette entreprise hardie. Il visita successivement les établissements aéronautiques, se procura en même temps les tissus employés et recueillit les avis des divers constructeurs.

Puis, de retour à Stockholm, il essaye avec soin les échantillons qu'il a apportés, s'intéresse aux produits anglais et allemands, mais donne la préférence à l'industrie française, arrête définitivement son choix au ponghee de Chine collé au vernis en double, triple et quadruple épaisseur, tissu préconisé et expérimenté depuis plusieurs années déjà par M. H. Lachambre, à qui il confie le soin de construire l'aérostat, avec cette condition que M. Lachambre suivra l'expédition au Spitzberg, où il prêtera le concours de son expérience.

LE NAVIRE AÉRIEN

Description du ballon de l'expédition polaire Andrée et des organes construits aux ateliers aérostatiques de Vaugirard.

Après de longues études, M. Andrée décide de donner à son aérostat le cube de 4500 mètres et la forme d'une sphère terminée par un appendice légèrement conique.

Cette sphère, munie de deux soupapes latérales de manœuvre, d'une soupape automatique inférieure et d'un volet de déchirure, mesure $20^{m},50$ de diamètre et 1321 mètres de surface ; elle est enveloppée d'un filet en corde de chanvre terminé par des systèmes de pattes-d'oie et des cordes-suspentes se reliant à la nacelle par l'intermédiaire d'un cercle de charge.

La partie supérieure de l'aérostat est préservée de la pluie et de la neige par une chemise en soie vernie dont le sommet est fixé au pôle supérieur de l'enveloppe et le bord inférieur aux mailles du filet.

L'enveloppe. — Pour la confection de l'enveloppe, il est employé 600 pièces de soie ponghee de la meilleure qualité, ayant 17 à 18 mètres de longueur sur 48 centimètres de largeur environ. A chacune d'elles on détache un morceau qui est essayé dans les deux sens, chaîne et trame; ensuite les pièces sont assorties suivant leur résistance pour être soumises à l'opération du collage.

Toutes ces pièces collées sont encore éprouvées avant d'être utilisées. Les essais se font au dynamomètre Perreaux sur des bandes de 5 centimètres de large et 10 centimètres de long, sous le contrôle de MM. P. de Nordenfeld et Noël, ingénieurs de la Société Nordenfeld, à qui M. Andrée a confié le devoir de vérifier les matériaux employés à la confection de son aérostat.

Les essais donnent les résultats suivants : pour le tissu double des résistances à la rupture variant de 2400 à 3600 kilos par mètre, le tissu triple de 3200 à 5500 et le tissu quadruple formé par les meilleures pièces simples trouvées donne 6000 à 7200 kilos par mètre.

Le minimum de résistance exigé par M. Andrée est fixé à 1000 kilos par mètre et par épaisseur de ponghee ; ce minimum est donc largement dépassé.

D'après leur résistance les pièces collées sont classées méthodiquement dans la surface de l'aérostat selon l'effort à subir.

La partie supérieure de l'enveloppe est un disque de 6 mètres de diamètre formé par 24 panneaux de soie quadruple.

La partie suivante, en soie triple jusqu'à 4 mètres au-dessous de l'équateur, est constituée par 41 zones de 48 panneaux chacune.

Le reste de la sphère jusqu'au parallèle inférieur ayant 7 mètres de diamètre, est en étoffe double, comprenant 22 zones de 48 panneaux, et enfin la partie basse, appendice compris, est en soie triple et formée par 5 zones de 48 panneaux et 3 zones de 24 panneaux.

Les parties de ponghee triple et double sont réunies par une zone intermédiaire dont les panneaux alternés sont moitié en tissu triple et moitié en tissu double.

Pour une même zone, les panneaux sont identiques; il faut 72 épures pour déterminer la forme précise des divers panneaux, dont le total est de 3360.

La coupe de ces panneaux est faite à l'aide d'un tranchet guidé par une règle d'acier en suivant les contours d'un patron ; on réunit d'abord ceux d'une même zone, et les zones sont assemblées de façon que les panneaux soient chevauchés, ce qui donne au ballon l'aspect d'une construction de briques ou de pierres de taille.

Les joints reliant les panneaux sont collés sur une largeur de 16 millimètres, puis cousus à la machine à l'aide de trois piqûres au fil de soie dans l'étoffe double et triple et quatre piqûres dans l'étoffe quadruple.

Ces joints ou coutures sont ensuite recouverts extérieurement et intérieurement par une bande de soie simple ayant 40 millimètres de largeur, collée à l'aide d'un vernis spécial récemment découvert par M. Lachambre.

Les bandes collées par ce nouveau procédé ont le double avantage d'imperméabiliser les coutures et de rendre aux joints la résistance que les piqûres leur ont fait perdre.

Le vernis employé à ce collage remplit toutes les conditions désirables, conservant à l'étoffe sa souplesse naturelle, restant inattaquable au vernis à ballons, qui est à base d'huile de lin, et inaltérable à l'eau et aux changements de température.

Les essais des joints ainsi constitués prouvent que leur résistance est plus grande que celle des parties voisines, et M. Andrée, qui désire seulement une résistance égale, se montre naturellement très satisfait de ce résultat.

La longueur des coutures est de 4400 mètres, à trois et quatre piqûres, ce qui représente une ligne de piqûre ayant une longueur de 14000 mètres, et la longueur totale des bandes collées atteint près de 9000 mètres.

Les deux hémisphères de l'aérostat sont d'abord formées ; leur poids est de 960 kilos, et avant de procéder à la dernière couture équatoriale de fermeture, elles subissent trois couches de vernis Arnoul (le meilleur vernis à ballon expérimenté jusqu'à ce jour); une quatrième couche est donnée après la réunion des deux calottes dans les palais du Champ de Mars restant de l'Exposition de 1889.

Filet. — Le filet du ballon polaire est composé de 384 cordes de chanvre, ayant 5mm,5 de diamètre et 65 mètres de longueur, offrant chacune à la rupture une résistance non inférieure à 360 kilos. (Dans les essais qui ont été faits, l'épreuve minimum a donné 420 kilos pour une épreuve maximum de 540 kilos.)

Chaque corde est sans soudure; ses deux extrémités viennent au pôle supérieur se fixer à un anneau de cordage ou couronne ayant 69 centimètres de diamètre et 6 centimètres d'épaisseur. Ce filet est sans nœuds; les cordes sont transfilées en leurs points de rencontre; elles passent l'une dans l'autre; tel fut confectionné le filet du ballon captif Henri Giffard en 1878.

Les points d'entre-croisement sont consolidés par des ligatures en ficelle fine.

La circonférence du filet à toute hauteur comprend 192 mailles dont les dimensions varient selon la surface des zones qu'elles doivent recouvrir. Ces mailles, dont le nombre n'est pas moins de 19000, représentent une longueur de ficelle ayant près de 15 000 mètres.

La partie inférieure du filet est formée par un système de trois zones de pattes-d'oie, chacune des zones diminuant de moitié le nombre de mailles composant la zone supérieure.

Le premier rang de pattes-d'oie est monté sur des cosses en cuivre nickelé, le second et le troisième sur des poulies en bois ayant leurs réas en gaïac ; et 48 cordes de suspension, munies chacune d'un œillet à son extrémité, terminent le filet et permettent de le relier au cercle de retenue à l'aide de cabillots. Ces cordes-suspentes ont un diamètre de 18 millimètres et une résistance respective non inférieure à 3000 kilos.

Le filet ainsi constitué pesait 352 kilos; afin de préserver la corde de l'humidité, elle fut imprégnée de vaseline, sauf la partie supérieure, recouverte d'une chemise de soie vernie ; après cette opération, le poids du filet est de 442 kilos.

Huit pattes équatoriales démontables se fixent à l'équateur du filet. Elles serviront à maintenir et empêcher le ballon d'osciller dans le hangar qui l'abritera au Spitzberg, en attendant le vent favorable au départ de l'expédition.

Chemise. — Une calotte sphérique en soie simple vernie à quatre couches et vaselinée, d'une superficie de 145 mètres carrés, recouvre la partie supérieure du globe aérien ; elle est confectionnée de la même façon que le ballon, par panneaux chevauchés dont le nombre est de 720.

Les coutures, d'une largeur de 8 millimètres, sont accrochées et sont cousues par deux piqûres au fil de soie ; elles ne sont pas recouvertes de bandes collées, leur longueur totale est de 600 mètres.

Le sommet de la chemise, de forme conique, est en soie double ; il repose sur une petite construction de bois également conique dont la base, placée sur l'étoffe au pôle supérieur de l'aérostat, est entourée et retenue par la couronne du filet.

La zone inférieure terminant la chemise est en soie double; son bord extrême enveloppe une ralingue en corde de chanvre de 10 millimètres de diamètre cousue dans l'étoffe ; 96 œillets pratiqués au-dessus de la ralingue sont destinés à recevoir des lanières pour fixer la chemise aux mailles du filet.

Cette chemise pèse 40 kilos; son but est de préserver le dôme de l'aérostat de la pluie, et surtout d'empêcher l'incrustation de la neige dans les mailles du filet.

Soupapes. — Le ballon n'a pas de soupape au sommet; d'ailleurs le fonctionnement pourrait en être compromis par la neige; mais il est muni de deux soupapes de manœuvre de mêmes dimensions, placées, l'une à l'équateur et l'autre 1 mètre au-dessus de l'équateur, à 150° de distance angulaire l'une de l'autre.

Ces soupapes, d'un système imaginé par M. Andrée, mesurent 25 centimètres de diamètre extérieur; elles sont formées chacune par un disque en bronze d'aluminium de 23 centimètres de diamètre, normalement appliqué sur un siège circulaire en bois de noyer, mais pouvant s'en éloigner en se mouvant le long d'une vis qui occupe le centre. Ce mouvement sera produit depuis la nacelle au moyen de deux cordelettes par soupape, traversant l'intérieur du ballon pour

SOUPAPES DE MANŒUVRE DU BALLON ANDRÉE.

sortir près de l'appendice par quatre tubes disposés en paires.

L'étanchéité est obtenue par une bande circulaire en caoutchouc contre laquelle vient s'appuyer le bord extérieur du disque-clapet.

L'orifice d'écoulement du gaz mesure 20 centimètres de diamètre. Pour fixer les soupapes au ballon, deux ouvertures de 21 centimètres de diamètre sont pratiquées dans l'étoffe. Le bord de ces ouvertures est renforcé par des collerettes de 50 centimètres de diamètre en tissu triple collé et cousu ; le siège de chaque soupape s'applique intérieurement sur la paroi d'étoffe, dont le bord est pris entre deux lames de caoutchouc, puis serré contre le siège par un cercle de bois extérieur et des boulons.

Ces soupapes n'offrent pas de relief extérieur que puisse accrocher la corde du filet.

La soupape automatique fermant l'appendice a été proposée par M. Lachambre à M. Andrée qui l'a adoptée. Elle mesure 1 mètre de diamètre extérieur, l'orifice d'écoulement a 87 centimètres de diamètre. Le disque-clapet, en ponghee triple, a 91 centimètres de diamètre ; il est muni de deux lucarnes vitrées pour voir à l'intérieur du ballon.

Ce disque légèrement conique vient s'appliquer sur une couronne en bois de noyer lui ser-

SOUPAPE AUTOMATIQUE DE SURETÉ DU BALLON ANDRÉE.

vant de siège, où il est retenu par la traction de six ressorts à boudin en fil d'acier, rattachés d'une part à l'extrémité des rayons de bois du clapet et de l'autre au sommet d'une petite charpente fixée sur le siège.

La charpente montée sur la couronne de bois est formée par douze tubes en acier nickelé.

Le clapet est guidé dans sa course par un tube central en acier glissant dans un autre tube qui sert d'axe à la charpente; une petite clavette en limite la course dont la longueur du parcours est égale à la moitié du rayon de l'orifice d'écoulement.

Le joint est rendu étanche à la périphérie du clapet par un couteau de cuivre qui repose sur une bande de caoutchouc tendue dans une rainure du siège.

La soupape commence à s'ouvrir sous l'action d'une pression intérieure correspondant à 10 millimètres d'eau. Pour la fixer au ballon, elle se place à l'intérieur de l'appendice dont le bord, placé entre deux bandes de caoutchouc, est serré contre le siège par une ceinture extérieure de cuivre boulonnée.

Volet de déchirure. — Le volet de déchirure a $4^{m},50$ de haut et une surface de 4 mètres carrés; il est formé d'un quadrilatère en soie ponghee triple terminé par un triangle curviligne dont la pointe est dirigée en haut. Son axe vertical est à 105° de distance angulaire entre chaque soupape de manœuvre; la base inférieure, qui a 90 centimètres de large, arrive à 50 centimètres au-dessus de l'équateur.

Les coutures reliant l'étoffe du volet à celle de l'aérostat sont semblables aux coutures des panneaux et également recouvertes de bandes collées.

A l'intérieur de l'aérostat, l'extrémité supérieure du volet est en soie quadruple; son bord enveloppe un bâtonnet de bois dur auquel est fixée une corde de tirage qui commandera la déchirure. Cette corde descend jusqu'à la nacelle après avoir traversé la partie inférieure de l'enveloppe près de l'appendice, dans un tuyau.

Pour obtenir aisément la déchirure qui demandera une traction d'environ 100 à 120 kilos, M. Andrée a l'intention de se servir d'une petite ancre qu'il attachera à l'extrémité de la corde et jettera à terre au moment opportun.

Le dégonflement de l'aérostat se fera très rapidement et tout traînage sera ainsi évité, quelle que soit la violence du vent.

Il va de soi que M. Andrée ne fera usage du volet de déchirure que lorsqu'il naviguera sur des terres hospitalières et qu'il voudra terminer le voyage aérien et atterrir définitivement.

Bandes protectrices contre l'eau. — Détails divers. — Au-dessus de l'appendice, aux parallèles ayant 5 et 7 mètres de diamètre sont fixées par un de leurs bords deux bandes circulaires verticales de 10 centimètres de hauteur.

Ces bandes sont en soie simple ; leur but est de former gouttières, détournant l'eau qui pourrait suivre l'étoffe du ballon et préservant ainsi de la pluie la nacelle où se tiendront les observateurs.

A l'intérieur de l'appendice est une autre bande différemment placée formant un godet circulaire destiné à recevoir l'eau que pourrait produire une forte condensation du gaz contenu par l'aérostat et empêcher cette eau de s'accumuler sur la soupape automatique.

Entre la bande extérieure ayant 5 mètres de diamètre et l'appendice, faisant face au tuyau de passage de la corde de déchirure, se trouve fixée la manche de gonflement ayant une longueur de 6 mètres.

Les deux cordelettes qui commandent chaque soupape de manœuvre obéissent à un effort de tirage ; l'une, celle qui ouvre le clapet, est peinte en bleu ; l'autre, qui le ferme, reste blanche de la couleur du chanvre.

La corde commandant le volet de déchirure est colorée en rouge.

Le long d'un méridien tracé sur l'enveloppe se trouvent des marques de couleur avec un chiffre indiquant le cube du segment supérieur de 500 en 500 mètres cubes. Ceci permettra de constater rapidement les progrès du gonflement au Spitzberg.

Deux autres méridiens convenablement placés portent des points de repère pour placer les sangles qui supporteront les voiles dont sera pourvu l'aérostat polaire.

La nacelle. — Dans la construction de la nacelle, l'emploi du fer ou de l'acier est prohibé, afin de ne pas troubler le fonctionnement des instruments magnétiques. Sa forme est cylindrique, mesurant 2 mètres de diamètre d'axe en axe de ses parois qui sont en vannerie de jonc montée sur une ossature en bois de chataignier ; huit poignées ou anses en osier sont fixées sur la partie cylindrique à une hauteur convenable pour en faciliter le transport. Le fond est renforcé par des traverses en bois placées extérieurement et scellées à la vannerie par des boulons et des lames de cuivre intérieures.

La partie cylindrique est tronquée d'un côté par une surface plane que déterminerait un plan incliné coupant le plancher inférieur de la nacelle et s'étendant de ce plancher jusqu'à mi-hauteur du cylindre, la longueur de la corde donnée par le plan rencontrant la base étant de 1m,30.

Lors de l'atterrissage de l'aérostat, le roulement de la nacelle sera évité par ce pan coupé qui reposera et traînera sur le sol.

Intérieurement, le bord supérieur de la paroi est garni sur toute sa circonférence d'une centaine de cordelettes terminées par des boucles ou des œillets. A ces cordes, qui sont prises dans la vannerie, seront attachés des instruments et des objets divers.

La toiture de la nacelle est un disque ou couvercle également en vannerie, légèrement convexe pour empêcher l'eau de s'y amasser. Le bord à la périphérie de ce couvercle forme une cavité où vient s'emboîter le bord de la nacelle, préservant ainsi sa déformation. — Des traverses de bois fixées intérieurement au couvercle lui donnent la rigidité nécessaire pour supporter les observateurs; une ouverture fermée par une trappe mobile autour d'une charnière permet l'entrée et la sortie des aéronautes.

Au-dessus du pan coupé, la paroi cylindrique est munie de deux fenêtres carrées garnies de vitres ayant 15 centimètres de côté; la paroi au fond est percée de deux ouvertures carrées de 20 centimètres de côté, fermées par des trappes en bois.

La nacelle est recouverte d'une toile prélart imperméable, ayant des ouvertures correspondantes à celles de l'osier.

Le prélart de la toiture forme un rebord vertical de 10 centimètres, percé de trous pour l'écoulement de la pluie qui arriverait jusque-là.

Six cordes en chanvre de 30 millimètres de diamètre suspendent la nacelle; leur résistance respective est de 8000 à 9000 kilos. Elles sont tissées dans la vannerie et réunies dans le fond de la nacelle par un hexagone en corde.

Au-dessus de la toiture, elles sont reliées

entre elles par cinq cordes horizontales équidistantes formant un garde-fou de 1 mètre de haut qui sera entouré plus tard soit de prélart, soit de toute autre clôture.

La grosseur de ces cordes horizontales est de 7 millimètres, sauf la corde supérieure, qui a 10 millimètres.

A 2 mètres environ au-dessus du toit, l'hexagone formé par les six cordes est resserré par un hexagone en corderie ayant 1 mètre de diamètre intérieur.

L'extrémité supérieure des cordes de suspension se termine par un œillet ou gânse qui les reliera aux cordes du cercle de charge.

Sur la circonférence du bord supérieur de la nacelle sont scellées six boules de cuivre équidistantes formant la partie inférieure d'un système de chaînons à boules qui porteront une construction destinée à supporter les appareils scientifiques. Cette construction est faite à Stockholm par les soins de M. Andrée.

L'aménagement de la nacelle sera également fait par ses soins.

Les aéronautes se tiendront le plus souvent sur le plancher de la toiture pour faire les observations. L'intérieur de la nacelle constitue leur chambre à coucher où ils se reposeront chacun à tour de rôle.

Marques de l'expédition. — Tous les objets comprenant le matériel aérostatique sont marqués par les mots :

ANDREE'S POLAR EXPEDITION 1896.

qui sont imprimés avec une marque à feu sur les objets de bois, gravés au burin sur les objets de métal et peints avec une couleur durable sur la chemise, l'enveloppe, le prélart de la nacelle et les sacs à lest.

Quelques cordes du filet et les cordes de suspension sont munies de petites plaques solidement fixées où est gravée ladite marque.

Les objets n'offrant pas assez de place portent la marque en abrégé :

AEE'S PXP 1896.

Sont construits à Stockholm : le cercle de charge reliant le ballon à la nacelle, le panier à provisions ; les guides-ropes, les voiles, etc., ainsi que les appareils pour la production du gaz hydrogène pur dont on trouvera plus loin la description. Seuls les tuyaux de conduite du gaz, qui sont en soie, et les sacs à lest sont fabriqués à Paris et fournis par les ateliers de Vaugirard.

Exposition du matériel au Champ de Mars

(ANCIENS BATIMENTS DE L'EXPOSITION 1889).

La commande des objets décrits plus haut fut faite à la fin de décembre 1895 par M. Andrée à M. H. Lachambre, et la livraison du matériel devait avoir lieu du 15 au 20 mai 1896, sans quoi le fournisseur s'exposait à une amende progressive énorme, proportionnelle au nombre de jours de retard, et même, si la livraison n'était faite avant le 3 juin, la commande pouvait être annulée. Mais le travail fut exécuté dans le délai convenu, et vers la fin d'avril, le matériel fut transporté au Champ de Mars, dans la galerie de 30 mètres, pour y être examiné par la commission.

D'après une clause du contrat, l'enveloppe devait être gonflée à l'air et soumise avant le dernier vernissage à une pression intérieure égale à 75 millimètres d'eau.

LE BALLON DANS LA GALERIE DE 30 MÈTRES AU CHAMP DE MARS.

3

Cette expérience eut lieu le 3 mai en présence de MM. de Nordenfeld, ingénieur de la Société Nordenfeld, Gaston Tissandier, et MM. le colonel et le commandant Renard, directeurs de l'établissement central d'aérostation militaire de Chalais-Meudon. Les ouvertures de l'aérostat furent laissées provisoirement fermées, la soupape d'appendice remplacée par un cercle de bois recouvert d'un disque d'étoffe portant un regard vitré de 20 centimètres de diamètre permettant de voir à l'intérieur du ballon qui fut gonflé à l'aide d'un ventilateur fournissant environ 2000 mètres cubes d'air à l'heure.

Les experts de M. Andrée, qui suivirent pas à pas la construction, examinèrent encore minutieusement toutes les pièces, déclarèrent le matériel irréprochable et bien conforme aux désirs exprimés par M. Andrée.

Après cette expérience, qui montra que l'enveloppe gonflée d'air ne perdait pas d'une façon appréciable, le ballon fut dégonflé et on lui donna alors la dernière couche de vernis. Ce travail fini, on le gonfla à nouveau pour le séchage.

Le filet, suspendu par la couronne au milieu

du dôme central et les cordes de suspension attachées au pourtour de la première galerie, eut l'aspect d'une vaste tente dont le sommet est à 40 ou 50 mètres du sol.

La nacelle, les soupapes, et enfin tous les objets construits à Paris furent exposés au Champ de Mars. Un petit aérostat de 350 mètres tout gréé, gonflé d'air, suspendu à côté du *Pôle Nord*, servait de comparaison. Cette exposition, qui n'était pas faite dans un but de lucre, fut rendue publique du 10 au 14 mai.

Le 10 mai fut réservé aux personnes particulièrement invitées ; et M. Félix Faure, président de la République, nous fit le premier l'honneur de sa visite; il était accompagné du général Tournier et du colonel Ménétrez. Il s'intéressa aux différents organes de l'aérostat, qu'il examina longuement, et aux détails de la construction. Il adressa ses meilleurs souhaits et fit des vœux pour la bonne réussite de cette intéressante expédition ; puis félicita M. Andrée d'avoir donné la préférence à un constructeur français pour la confection de son navire aérien.

Assistaient en même temps que le Président M. de Nordenfeld, ingénieur suédois, M. Gaston Tissandier, MM. le colonel et le commandant Renard, qui avaient suivi aussi les phases des travaux et y avaient collaboré dans une certaine mesure.

La colonie suédoise était représentée par MM. Duë, ministre plénipotentiaire, et Gustave Nordling, vice-consul.

Entre autres invités se trouvaient MM. Poubelle, préfet de la Seine, l'amiral Sallandrouze de Larmornaix, le général Mathieu, M. Decauville, sénateur, M. Coulet, avocat de la légation suédoise, etc.

Pendant les quatre jours suivants plus de 30000 personnes vinrent visiter l'aérostat *le Pôle Nord* et exprimer leurs vœux pour la réussite des trois hardis explorateurs suédois, dont le monde entier admire le courage.

A. M.

PREMIÈRE PARTIE

DEUX MOIS AU SPITZBERG

I

LE DÉPART.

J'ai quitté Paris dans la soirée du 2 juin 1896, le cœur légèrement serré en laissant ma famille et ma patrie, l'esprit un peu troublé par l'immense inconnu qui se dressait devant moi. Repassant dans mon cerveau les observations pessimistes de M. Janssen, les conseils du lieutenant-colonel Charles Renard et les avis de M. G. Tissandier, je faisais une foule de réflexions, tantôt gaies, tantôt tristes, sur le sort de l'expédition, et je trouvais lourde la responsabilité que j'avais acceptée.

Sans m'attarder aux différentes étapes de la

route, Cologne, Hambourg, Copenhague, villes pourtant très curieuses, j'arrive à Gothenbourg, où je suis reçu par le capitaine Andrée, frère de l'explorateur ; et, quoique très fatigué par quarante heures de chemin de fer et de bateau, ma première visite est pour le *Virgo* qui doit me donner l'hospitalité pendant plusieurs mois et me conduire vers les régions boréales.

M. Andrée, qui ne laisse rien au hasard, a bien choisi son navire, et c'est son frère qui en dirige l'installation et le chargement.

A mon arrivée, les travaux se poursuivent avec une activité fiévreuse, et il est à peu près impossible de se figurer la quantité d'objets qui trouvent place dans ce petit navire de trois cents tonneaux. J'assiste à l'embarquement des tonnes d'acide sulfurique qui ont été amenées d'Angleterre.

Nous avons un équipage d'élite, composé presque entièrement d'élèves ingénieurs, d'étudiants de l'École polytechnique de Stockholm et d'officiers qui se sont engagés comme simples matelots pour suivre l'expédition : on voit que les cœurs vaillants et généreux, comme aussi les têtes scientifiques, ne feront pas défaut.

Dans la matinée du 5 juin, les trois explorateurs arrivent de Stockholm. Le soir, une grande fête nous réunit chez le baron Dickson, l'un des généreux promoteurs de l'œuvre.

Samedi soir 6 juin. — Fête populaire au parc de Lorensberg ; nombreux discours et toasts chaleureux ; lecture des dépêches et des vœux pour le succès de l'expédition ; les tables sont ornées de magnifiques bouquets de fleurs naturelles emprisonnées dans des pyramides de glace ; l'effet est des plus pittoresques, et voilà, certes, une idée qui n'est pas encore venue, que je sache, aux directeurs de nos grands établissements culinaires ; à eux d'en profiter désormais. Rien n'est plus attrayant que l'image des fleurs et les flammes des lustres se reflétant dans ces petits icebergs.

Dimanche 7 juin. — J'arrive au port à huit heures du matin. Le *Virgo* a revêtu sa parure des grands jours de fête ; ses mâts sont pavoisés de flammes multicolores.

A l'arrière flotte fièrement le superbe pavillon en soie offert par les dames de Gothenbourg... Le pont est décoré de fleurs et de rubans... J'y vois avec émotion mes couleurs nationales.

Tous les navires du port sont pavoisés aussi et regorgent de spectateurs. Une armée de photographes, dont les appareils sont tous braqués sur le *Virgo*, se prépare à fixer pour jamais la physionomie du navire.

Les chaloupes et tous les canots, grands et petits, se sont donné rendez-vous au *Virgo*. Le reste de la population est sur les quais et sur les édifices voisins.

M. Vieillard, un ami, qui est venu m'accompagner, me quitte à neuf heures; nous prenons rendez-vous au Spitzberg.

Je salue le baron Dickson, sa fille et sa nièce qui sont sur le quai. Son fils vient au *Virgo* me serrer la main et me souhaite bon voyage.

Les trois explorateurs arrivent alors, très entourés des leurs... Les adieux sont très touchants, et l'émotion, qui gagne tous les assistants et qui m'étreint moi-même, arrive à son comble lorsque, à dix heures précises, le signal du départ retentit dans un silence religieux.

Le *Virgo* s'ébranle lentement.

Alors l'enthousiasme devient indescriptible. Un immense hurrah, quatre fois répété, est lancé de toutes les poitrines haletantes. Les mouchoirs et les coiffures s'agitent avec frénésie... Les vivats redoublent... MM. Andrée, Ekholm et Strindberg sont devant le bastingage avec leurs bouquets

DÉPART DU « VIRGO » DE GOTHENBOURG, LE 7 JUIN 1896.

et leurs rubans ; ils saluent et répondent aux adieux.

Au second plan, nous avons, nous aussi, notre part de cette grandiose et très impressionnante manifestation.

Le pavillon du *Virgo* s'abaisse puis se relève, et, à ce moment, le cortège des embarcations se forme autour de notre navire qui a gagné un peu au large.

Une centaine de bateaux nous font la conduite. Sur plusieurs, des musiques nous donnent une aubade, et la promenade commence. Ceux qui n'ont pas de bateaux suivent les quais ; c'est une véritable marée humaine.

Quelques collisions entre les petits canots trop empressés se produisent inévitablement, mais aucun accident n'est à regretter, fort heureusement.

Le soleil resplendit ; le ciel aussi a pris son air de fête et a tenu à encourager les hardis explorateurs qui partent à la conquête du pôle Nord...

Nous voici au large.

A une heure nous sommes réunis sur le pont d'arrière, et les présentations commencent :

M. Andrée, ancien élève de l'École polytechnique supérieure de Stockholm, directeur du Bureau des brevets, chef de l'expédition ;

M. Ekholm, docteur en physique, chef du Bureau météorologique de Stockholm ;

M. Strindberg, élève de Faculté d'Upsal,

deuxième maître à l'Université libre de Stockholm ;

M. Svante Arrhénius, hydrographe, chef de

L'ÉTAT-MAJOR DE L'EXPÉDITION.

l'Université de Stockholm, professeur de physique ;

M. Grumberg, naturaliste, maître à l'Université de Stockholm, École supérieure ;

Le docteur Carl Ekelund, médecin de l'expédition ;

Le capitaine Hugo Zachau, commandant du *Virgo*, qui fait, en temps ordinaire, les voyages entre Gothenbourg et Hull (Angleterre).

N'oublions pas la femme de chambre, Charlotte, une accorte Suédoise coiffée d'une petite toque blanche très coquette, un peu opéra-comique, ornée d'un joli ruban portant l'enseigne de l'expédition. Cette charmante personne me fait trois belles révérences, et la connaissance est vite faite entre nous. C'est elle qui nous servira à table. Elle semble très à l'aise sur le *Virgo* et, plus que moi, elle a le pied marin ; elle nous a fait à chacun un rond de serviette avec des rubans, le mien est tricolore. Elle est, d'ailleurs, très amusante. Il y a aussi la cuisinière qui excelle dans la confection des omelettes aux anchois... mais n'anticipons pas.

Après les présentations, on déguste le cognac et le whisky ; on porte des toasts au succès de l'expédition polaire ; puis plusieurs discours sont prononcés. A trois heures, le dîner nous réunit dans la salle à manger. Le capitaine fait les honneurs de la table; c'est un joyeux amphitryon, très rond au physique et au moral; le repas est très gai.

Je suis placé près de M. Strindberg et du professeur Arrhénius, avec qui je puis parler ma langue et apprendre quelques mots de suédois. Du reste, c'est à charge de revanche, car je suis nommé *professeur de français* par acclamation.

Nous prenons le café sur le pont en fumant de délicieux havanes offerts à l'expédition ; mollement bercé par la vague, je me laisse aller à la rêverie. Que de choses j'ai vues depuis mon départ, et comme je me trouve déjà éloigné de mon *home* ! Pourtant, je ne suis qu'à la première étape, et beaucoup d'émotions m'attendent encore.

J'ai pris possession de ma cabine qui touche à la cuisine et à la salle à manger ; je m'installe de mon mieux, mais non sans peine, car la place qui m'est attribuée est fort exiguë.

A huit heures, la cloche du dîner nous rassemble à nouveau autour de la table, et la soirée se termine au milieu de la plus franche cordialité. Le voyage s'annonce sous les meilleurs auspices.

II

EN PLEINE MER.

8 *juin* 1896, *dix heures et demie.* — Depuis vingt-quatre heures nous naviguons; nous sommes en vue de la Norvège, au-dessus de Forsund, à 15 kilomètres des côtes; mais la brume ne permet pas de voir très loin. Les montagnes de sapins se dessinent vaguement à notre droite, et le *Virgo* a mis le cap plein nord-ouest. Il n'y a plus qu'à se laisser vivre. C'est dans ma cabine que je commence mon journal. La mer, bien qu'un peu houleuse, ne m'a pas encore incommodé; seul, M. Andrée a déjà payé son tribut.

Mardi 9 *juin.* — Côtes de Norvège. Mer agitée, malaise général, abattement moral; je suis incapable d'écrire. Le *Virgo* roule beaucoup. Il fait, à dix heures du soir, clair comme en plein jour.

Mercredi 10, *six heures et demie.* — La température a beaucoup baissé; nous avons franchi le cercle polaire. Depuis ce matin, un steamer fait route avec nous à 12 kilomètres sur notre gauche. Mer houleuse.

Jeudi 11 *juin, dix heures du matin.* — En vue des îles Loffoden ; ciel couvert ; quelques rayons de soleil ; mer plus unie ; le bateau roule toujours.

Vendredi 12 *juin, neuf heures et demie.* — Nous voici enfin dans la passe qui mène à Tromsö. J'ai été si malade cette nuit que je me serais jeté à la mer si j'avais oublié un instant le devoir et la famille.

A onze heures du soir, j'ai fait demander le docteur ; il me semblait que j'allais trépasser, seul, dans mon étroite cabine. Il m'a ordonné du champagne et du sommeil. Charlotte, la femme de chambre, m'a apporté des oranges et m'a enlevé mes bottines, que je n'avais pas eu le courage de quitter depuis quatre jours.

O Charlotte, blonde Scandinave au regard si limpide, au sourire si avenant, au visage si gai, au corps souple et robuste !... Comme vous deviez prendre en pitié le gentleman français, comme on m'appelait à bord, l'autre jour si leste, si sûr de soi en apparence et devenu tout à coup plus inerte qu'une vieille bonnette mise au rebut par le maître voilier !... Ce que c'est que de nous !...

Et malgré les horribles tortures que j'éprouvais, j'avais la vague concsience de tout ce qu'il y avait d'extraordinairement incroyable à me voir retirer les bottes par de mignonnes mains féminines plus faites, certes, pour manier l'aiguille et les rubans que pour entreprendre une besogne aussi grossière.

Avez-vous eu le mal de mer? Si oui, vous me comprendrez, si non, que Dieu vous préserve de le connaître jamais!... Et comme je comprenais bien alors ce qu'on raconte de Cicéron, qui, s'étant réfugié à bord d'un navire pour fuir l'assassin dépêché vers lui par Marc-Antoine, préféra revenir à Gaëte, vers cette mort qu'il redoutait, plutôt que de supporter plus longtemps le mal de mer.

La baie est toute hérissée de hautes montagnes de granit, aux sommets couverts de neige. Le *Virgo* fait des signaux pour appeler un pilote qui tarde longtemps à venir ; il stoppe de cinq heures à neuf heures en l'attendant. Et, chose étrange, quand le bruit de la machine cesse, on se sent pris de tristesse, il manque quelque chose à la vie.

Enfin, à neuf heures et demie, le pilote tant désiré accoste, et le *Virgo* reprend sa route vers Tromsö, la terre promise!...

Nous voguons maintenant sur un lac aux rives verdoyantes. Je contemple avec quelque plaisir les objets qui m'entourent.

Quel contraste!... A droite, un groupe de maisons de pilotes fort bien construites en briques sur le versant de la montagne, en vue de la mer. De gros cumulus couvrent le sommet des roches; au-dessus, le ciel est d'un bleu pur, et le soleil radieux verse des flots d'or sur le paysage. A gauche, une église tout isolée, lieu de réunion des pêcheurs qui habitent la côte en été.

Les matelots préparent le canot qui doit nous conduire à terre, car il n'y a pas de quai à Tromsö, et le *Virgo* restera en rade.

La baie devient plus étroite et les villages se succèdent, avec des lignes télégraphiques sur les deux rives. De nombreuses barques de pêcheurs norvégiens sillonnent la mer. L'air est pur et sec.

Le *Virgo* glisse majestueusement sur l'onde comme un grand oiseau. Le paysage s'anime et devient réellement féerique.

A onze heures, nous apercevons Tromsö avec son clocher, ses maisons en bois, et ses villas échelonnées en gradins sur le versant d'une montagne très fertile. Le pilote conduit toujours le *Virgo*. Les objets grandissent ; voici le port avec ses navires à l'ancre.

A une heure dix, nous arrivons en face de Tromsö. L'ancre est filée à 1 kilomètre du bord. Il n'y a pas de quai de débarquement, ainsi que je l'ai mentionné. Déjà nous sommes entourés par plusieurs canots. C'est le consul, M. Aagaard, qui nous souhaite la bienvenue. Puis apparaît le facteur du télégraphe qui remet à M. Andrée un paquet de dépêches. Enfin, viennent les amis des explorateurs, et les membres de la commission géologique, qui vont faire route avec nous jusqu'à Ice-Fjord.

Nous prenons place dans une embarcation qui nous met à quai quelques minutes plus tard.

14 *juin*. — Le départ de Tromsö a eu lieu à une heure du matin, par un temps superbe. Les adieux des habitants, venus en foule pour nous acclamer, ont été très touchants, et le *Virgo* a repris sa route vers le nord.

Le soleil brillait de tout son éclat, comme je l'ai dit, à tel point que je me demandais s'il était midi ou minuit.

Pour être moins solennel qu'à Gothenbourg,

notre départ était très imposant; toute la ville était sur les quais et tous les canots du port nous faisaient la haie. Il y avait là des touristes en chaloupe à vapeur, des bateaux de pêche. Enfin

PREMIÈRES GLACES FLOTTANTES.

toute la population de Tromsö avait tenu à nous dire adieu.

Dans les canots beaucoup de dames élégantes, un canot surtout monté par *cinq femmes seules* échangeant force adieux de leurs mouchoirs avec les matelots (la maison Tellier en déplacement, sans doute).

Puis, Tromsö s'éloigne et n'est bientôt plus qu'un souvenir, une vision suivie de regrets!...

La journée de dimanche s'est passée sans incident; lundi soir, nous avons rencontré les premiers icebergs, et la marche est devenue plus difficile.

16 *juin, midi.* — Depuis ce matin nous côtoyons le Spitzberg, ma nouvelle patrie, le lieu de mon exil momentané. La marche du bateau est lente et périlleuse, au milieu des glaces flottantes qui menacent à tout instant de nous broyer. Il faut toute l'expérience du capitaine et toute la vigilance du timonier pour éviter une catastrophe.

Le pilote des glaces est en observation dans la mâture et signale les passes libres.

Nous avons vu une multitude d'oiseaux, des baleines lançant en l'air une immense gerbe d'eau, des phoques, etc. Trois de ces animaux prenaient leurs ébats sur un glaçon, à portée de fusil.

Aussitôt ils sont salués par une décharge de mousqueterie qui ne les atteint pas.

Une variété d'oiseaux, très communs en ces parages, l'alka ou le cheval de mer (sorte de canard sauvage) plonge immédiatement dès qu'il se sent poursuivi. C'est, d'ailleurs, sa façon de chercher sa nourriture, comme tous les oiseaux des régions polaires, car il vit de poissons. Le *maître proviant* (l'économe du bateau) vient d'en tuer deux du même coup de fusil. Ces oiseaux ont le vol très lourd, la queue est très courte, et c'est seulement à l'aide de leurs pieds palmés qu'ils se dirigent.

Hier, en passant près de l'île de Beeren-Eiland, qui nous était cachée par le brouillard, nous avons vu des myriades de volatiles de toutes sortes, entre autres beaucoup de mouettes.

Ce matin, le thermomètre marquait 2 degrés au-dessus de zéro.

Il y avait du givre tout le long des cordages, et les matelots qui font le quart là-haut n'ont pas chaud, certainement.

Nous avons rencontré un voilier norvégien qui faisait la chasse aux morses et qui croisait depuis plusieurs jours en vue du Spitzberg; il nous a donné d'utiles renseignements sur l'état des glaces; à tout instant, un matelot sonde la profondeur, qui est de quinze à vingt toises.

Le *Virgo* vient de stopper, et les officiers tiennent conseil; nous sommes par 76 degrés de latitude, et il nous reste peu de chemin à faire pour atteindre Ice-Fjord, où nous devons relâcher d'abord avant de nous rendre à Norsk-Oarna.

A droite, les montagnes couvertes de neiges éternelles; en face, une banquise infranchissable. Un passage reste libre près de la côte, mais le capitaine ignore la profondeur de la mer; il cherche sur ses cartes; attendons!... Toutefois, je crains un retard qui ne fera pas les affaires de M. Andrée.

III

L'INSTALLATION.

Mercredi 17 *juin*, par 77 degrés de latitude. — Après avoir vainement cherché un passage, durant toute la journée d'hier, le capitaine a jugé prudent de venir se réfugier au fond de la baie de Horn-Sund, petit port naturel au sud-est du Spitzberg, où il jetait l'ancre ce matin, à quatre heures.

Ici, nous sommes à l'abri de tout danger, et

nous attendrons patiemment que la mer soit libre, ce qui ne peut tarder.

Notre petit port est une merveille de la création; un cirque de montagnes couvertes de neige dont les cimes étaient, ce matin, noyées dans la brume. D'immenses glaciers, dont les parcelles se détachent avec un fracas épouvantable, animent ce blanc paysage, tout en inspirant une crainte vague. Des icebergs gigantesques, ressemblant par leur forme et leur couleur bleuâtre à d'immenses cristaux de couperose, se promènent au milieu de la baie, véritable oasis où la température est très douce, malgré la neige qui recouvre presque entièrement le sol.

Le soleil est très chaud ; il jette un reflet doré sur tout ce tableau enchanteur où les oiseaux mettent leur note gaie et semblent témoigner la joie de vivre.

A neuf heures du matin, nous mettons pied à terre avec une satisfaction non dissimulée. MM. Andrée, Ekholm et Strindberg descendent munis de leurs instruments. Ils font le point et déterminent la déclinaison magnétique.

D'ailleurs, ils ne cessent de travailler depuis que nous avons pris la mer. Ce sont de vrais hommes de science, amoureux de leur tâche, fort érudits et ne faisant pas parade de leurs connaissances.

Les géologues ont trouvé un vaste champ pour leurs recherches, et les botanistes ont pu butiner à leur aise. Toutefois, si la faune est assez variée, la flore est très maigre et se résume à quelques lichens, avec des mousses d'un joli vert, des cochléarias et des saxifrages nains, dont les mignonnes fleurs violettes réjouissent la vue.

Les uns gravissent les montagnes et descendent les pentes en skif, le patin aimé du Scandinave. Les autres chassent avec les armes offertes par des armuriers suédois à l'expédition polaire. Moi, je me complais à admirer cette nature imposante et je tâche d'utiliser mes modestes talents de photographe pour fixer sur des clichés le superbe tableau qui encadre le *Virgo*, réduit maintenant à des proportions lilliputiennes.

Notre quartier général est établi sur les ruines d'un campement ayant appartenu à une tribu de chasseurs sibériens qui ont séjourné toute l'année dernière dans ce détroit.

Il y a là beaucoup de débris de bois jetés par

la vague, beaucoup d'ossements : un matelot a recueilli une énorme vertèbre de baleine, et le docteur a extirpé une molaire de la mâchoire d'un ours (l'ours n'était plus là pour protester).

Le pilote est allé explorer la mer du haut des montagnes. Aucun changement, ce matin, dans l'état des glaces.

Le déjeuner nous a ramenés au *Virgo*, à deux heures. M. Andrée, monté dans le canot, a tiré sur des phoques, mais sans les atteindre.

Nous sommes retournés à terre après déjeuner, et chacun s'est occupé selon ses goûts. Le ciel s'est découvert et le vent d'est s'est levé, très froid et très piquant. Le canot dansait très fort en revenant, et le courant a chassé au large toutes les glaces flottantes de la baie.

Onze heures et demie du soir, au moment où j'écris ces lignes, un rayon de soleil traverse mon hublot, et la bise souffle avec une certaine violence.

Samedi 20 juin, quatre heures du matin. — Réveil agréable à l'entrée de la baie de Ice-Fjord, en face du *Raftsund*, qui est à l'ancre depuis la veille.

Temps maussade ; pluie fine et froide. Une

chaloupe vient à nous, amenant un correspondant du journal *Aftenbladet* de Stockholm, qui doit nous accompagner à Norsk-Oarna.

Un canot amène mon ami Vieillard, porteur de dépêches pour moi. Nous passons deux heures ensemble, et ma joie est grande de le revoir et de posséder enfin des nouvelles de ma famille.

Puis la séparation arrive. M. Vieillard rejoint son navire et va repartir pour la France; il emporte mes lettres et mes dépêches; je prends plusieurs clichés du *Raftsund*, un superbe bateau, et le *Virgo* continue sa route au nord, après avoir échangé les saluts d'usage.

La mer est libre, et le *Virgo* file maintenant à toute vitesse,

Dimanche 21. — Vers deux heures du matin, nous arrivons en vue des îles Norsk-Oarna, lieu désigné pour l'érection du hangar et centre de nos opérations.

Dans la matinée, nous faisons une reconnaissance en canot autour des îles, afin de trouver un endroit favorable accessible à notre navire, dont le déchargement sera très difficile en l'absence de quai et de tous les engins habituellement établis dans les ports.

Les cartes que nous possédons de cette région sont très inexactes. M. Andrée relève plusieurs points de la côte. Les chasseurs, montés en canot, abattent une dizaine d'eiders. Nous renonçons à nous établir ici et, après midi, nous gagnons l'île d'Amsterdam, à 12 kilomètres sud-ouest.

L'ILE DES DANOIS ET LA MAISON PIKE.

Le ciel est pur, l'air est vif et piquant.

Lundi matin. — Les trois explorateurs font

une nouvelle reconnaissance, et M. Andrée arrête définitivement le vallon de Dansk-Gatt comme point d'installation.

L'endroit est abrité de tous côtés par de hautes montagnes, et il est ouvert seulement au nord sur la pleine mer.

Une maisonnette en bois, construite jadis par un Anglais, M. Pike, nous servira d'abri, et nous y laisserons le surplus de nos vivres de réserve. Cette maison hospitalière possède déjà un dépôt de conserves, de charbons et d'objets divers. Le sol est semé de blocs de rochers et couvert de neige, où l'on enfonce jusqu'à mi-jambes.

Mardi 23 juin. — A six heures du matin, le navire a commencé le déchargement ; toutes les embarcations sont à la mer. Le *Virgo* ne peut approcher à plus de 150 mètres de la rive. Le transbordement du ballon et de l'appareil à gaz présentera de très sérieuses difficultés et va certainement nous prendre un temps bien précieux.

Thermomètre : 2 degrés au-dessus de zéro. Baromètre : 760 millimètres. Vent sud-ouest frais. Ciel nuageux. Quelques éclaircies de loin en loin. Soleil très chaud. Mer calme.

La chaloupe à vapeur est en pression. Le yacht de M. Pike est venu visiter la maison le 16 courant.

Cette petite construction, entièrement en bois comme les maisons norvégiennes, est assez confortable; elle contient : salle à manger, chambres à coucher et cuisine. Il y a des poêles dans toutes les chambres, et nos matelots les ont allumés pour sécher les murs; la serrure ferme mal, et on cale la porte avec un glaçon. Le grenier convient parfaitement pour un colombier, et nous y installons nos pigeons, qui y seront moins bien certainement que dans leurs pigeonniers ordinaires, mais qui y trouveront néanmoins un asile convenable. Ces pigeons sont entraînés à Hammerfest. Nous en avons déjà lâché plusieurs en mer, mais nous ignorons encore s'ils sont rentrés en Norvège.

Mercredi 24 juin. — Le déchargement du bateau marche rapidement. Déjà la place du hangar est prête, et les charpentiers se mettent à l'œuvre.

Ce hangar, destiné à abriter le ballon, mérite une mention spéciale. Conçu d'une façon très ingénieuse, il a été exécuté à Gothenbourg, où les habitants de la ville purent le visiter avant le démontage pour l'embarquement. Il est de forme octogonale, composé de quatre étages ayant chacun 5 mètres de haut ; les différents étages sont reliés entre eux à l'aide de boulons; le dernier étage est terminé par un balcon circulaire.

Pour faciliter le remontage au Spitzberg, les matériaux de chaque étage sont repérés d'une couleur différente; le plancher du hangar est composé de charpentes arrivant toutes au centre et calées sur les rochers à l'aide de pièces de bois, car le sol est absolument inégal, et le nivellement en était impossible.

Sur les flancs est et ouest, deux escaliers donnant accès au balcon servent à consolider l'édifice.

La reconstruction de ce hangar à l'île des Danois a été très laborieuse ; elle a été conduite avec beaucoup d'habileté par les deux maîtres charpentiers, secondés par les hommes de l'équipage.

Il a fallu d'abord déblayer la neige qui encombrait le terrain, établir les fondations, assembler les fermes qui furent dressées et enle-

Le travail a été souvent contrarié par les tempêtes, qui obligeaient les charpentiers à interrompre leur besogne.

La carcasse, une fois montée, fut clôturée avec les grands panneaux de bois préparés en Suède.

La partie supérieure du hangar est exhaussée du côté sud par des poteaux de 5 mètres de haut, portant une clôture en toile destinée à protéger le sommet du ballon contre un vent violent.

Une toiture mobile en toile glissant sur des cordes métalliques était destinée à préserver le ballon de la neige; malheureusement, le temps n'a pas permis de la mettre en place.

26 *juin.* — Dans la matinée, le soleil s'est montré; le ciel est très limpide, et la neige fond lentement. La température est agréable aujourd'hui, mais déjà, dans l'après-midi, les cirrus s'avancent, et je crois que le beau temps ne sera pas de longue durée.

Le *Virgo*, en partie délesté, a pu approcher à 60 mètres du bord. On procéda alors au débarquement des gros colis, générateurs à hydrogène et caisse contenant le ballon. Les trois embarcations couplées formèrent un radeau traîné par le canot à vapeur. Pour amener sur la terre ferme ces colis qui pesaient de deux à trois tonnes, on fut obligé d'établir un chemin à l'aide de deux grands sapins apportés de la Norvège et de

ARRIVÉE D'UN GÉNÉRATEUR A GAZ.

les haler au moyen d'un palan tiré par tous les hommes de l'équipage.

On est frappé du calme et du grand silence qui règnent dans cette région éloignée de la civilisation ; seuls, les oiseaux de la montagne en rompent la monotonie et nous donnent un joyeux concert.

En parcourant les îles, on est surpris du nombre de tumulus et d'ossements humains qu'on y rencontre. C'est que le Spitzberg a aussi son histoire, assez tourmentée, d'ailleurs, mais dont nous ne parlerons pas ici.

IV

LE « VICTORIA ». — CHASSE AUX OURS.

Le 27 juin, dans l'après-midi, notre attention est attirée par l'arrivée d'un bateau venant du Nord. C'est toujours un événement agréable que de rencontrer des navigateurs dans ces régions lointaines ; il semble qu'on est moins isolé. C'est le *Victoria*, de M. Pick, sous le commandement du capitaine Nilson, qui chasse l'ours et les morses dans ces parages. Il jette l'ancre près du *Virgo*. Nous montons dans un canot et allons souhaiter la bienvenue aux voyageurs.

M. Andrée recueille du capitaine des renseignements sur l'état des glaces du Nord. Je visite le bateau, assez rudimentaire d'ailleurs, mais qui, néanmoins, est parfaitement organisé pour le genre particulier de ses expéditions ; il contient divers objets qui ne manquent pas d'intérêt pour moi, nouveau venu dans ces pays extraordinaires.

Des dépouilles d'ours et d'oiseaux divers ; un jeune ours vivant, capturé aux îles norvégiennes, pousse des grognements sinistres et semble protester énergiquement contre l'atteinte portée à sa liberté.

La journée de dimanche 28 juin a été fertile en événements et remplie d'émotions. Le *Victoria* est parti à neuf heures du matin pour Ice-Fjord, emportant un énorme paquet de lettres et nos vœux pour ceux qui nous sont chers.

Après le petit déjeuner, nous partons en excursion. Dans la chaloupe à vapeur avaient pris place MM. Strindberg, Grumberg, Arrhénius, le docteur Ekelund, deux mécaniciens, deux matelots et moi.

Temps superbe, mer calme, ciel un peu nébuleux, quelques beaux cumulus touchent le sommet des montagnes. Nous tournons l'île des Danois et prenons la direction du Smeerenburg.

Notre petit canot file à toute vapeur et se livre à une course folle au milieu des glaces flottantes qui parsèment la baie.

Le spectacle est merveilleux ! Nous sommes entourés de rochers imposants d'où la neige descend en veines et en sillons capricieux, et dont les cimes dentelées, dorées par un soleil ardent, se découpent sur le ciel d'azur d'une extrême pureté.

Ces rocs de granit aux formes bizarres projettent sur la nappe blanche des glaciers les ombres les plus fantastiques !

L'atmosphère est si transparente qu'il est fort difficile d'évaluer les distances à l'œil seulement. Les montagnes ont deux à trois mille pieds d'altitude, et on croirait à première vue qu'il est très facile de les gravir ; j'ai été très souvent abusé par cette illusion d'optique. Les bruits se perçoivent de très loin avec une grande netteté.

Nous croisons le petit bateau à voile de M. Stadling, correspondant de l'*Aftenbladet* de Stockholm, et colombophile de l'expédition polaire. Il part aussi en découverte avec deux compagnons. Nous mettons le cap vers l'est, et nous abordons sur un petit îlot couvert de mousse.

Les fusils abattent plusieurs eiders, et, en mettant pied à terre, nous rencontrons quelques nids de ces oiseaux, contenant trois ou quatre œufs, de la grosseur des œufs d'oie et d'un vert grisâtre.

Mais la reconnaissance est bientôt faite, et nous reprenons la direction sud-est, où se des-

GLACIERS DU SMEERENBURG.

sine déjà l'île de Moffen qui est le but de notre excursion.

Cette île présente un singulier contraste avec les montagnes environnantes par la vigueur de son coloris, passant du vert clair au brun foncé.

Les mousses de différentes variétés, parsemées de lichens jaunâtres et de saxifrages d'un violet tendre, nous offrent un tapis moelleux qui invite au repos et réjouit l'œil.

Des milliers d'oiseaux dont le ramage est assourdissant habitent cette terre enchanteresse.

Mais leur tranquillité est troublée par nos prosaïques et insatiables chasseurs qui se livrent à une véritable hécatombe de gibier. A peine débarqués, une centaine d'eiders gisent déjà sur le sol. Ils sont si nombreux et si peu farouches qu'ils s'enfuient à peine à quelques pas de nous; on voit bien que leur solitude est rarement troublée par des visiteurs de notre espèce, ou du moins d'un aussi belliqueux caractère.

Ils ressemblent beaucoup à nos canards domestiques, et l'on se croirait volontiers au milieu d'un parc ou d'une basse-cour. Un instant j'en ai une dizaine autour de moi, qui viennent boire ou se baigner dans un petit ruisseau limpide coulant en cascade à travers la mousse et les cailloux avec un murmure harmonieux.

A chaque pas, on rencontre un nid fait de mousse et de plumes, abrité par un fragment de rocher. La femelle s'est dépouillée de son plus fin duvet pour protéger ses œufs ou ses petits contre les frimas. A peine la couveuse se dérange-t-elle à notre approche. Elle recouvre ses œufs et les cache dans la plume avant de s'enfuir, si on lui en laisse le temps.

Les coups de fusil, répétés d'écho en écho par les montagnes, imitent le roulement de tonnerre et impressionnent péniblement.

A quatre heures, un lunch très apprécié nous est servi sur un banc de mousse. Ce repas, accueilli par un vigoureux appétit, se compose de jambon, de caviar et de tranches de renne fumé, le tout arrosé de bière blonde et assaisonné de la plus franche gaieté. Un cigare pur havane complète ce festin peu banal.

On respire à pleins poumons, on est heureux de vivre...

Mais le temps s'écoule vite, et il faut songer au retour. Nous sommes à deux heures de chemin du *Virgo*.

Nos matelots ont fait une copieuse razzia dans les nids, et reviennent chargés de corbeilles remplies d'œufs et de duvet. Le gibier est embarqué, et nous repartons.

Nous longeons la côte et les glaciers couverts

de phoques, mais le bruit de la machine effraye ces animaux, qui s'enfuient à notre approche.

La mer est devenue houleuse, et le vent qui nous prend à bâbord nous envoie des lames qui inondent le bateau. Nous sommes très secoués, mais je supporte maintenant le roulis comme un vieux marin. Ne faisons pourtant pas le brave : il ne faut répondre de rien. La température s'est abaissée sensiblement, et les cumulus attachés tout à l'heure aux flancs des montagnes s'abattent sur la mer et nous enveloppent bientôt entièrement... Nous voici plongés dans un brouillard très dense et très froid. La vue s'étend à peine à quelques pas, et nous devons ralentir la marche, afin d'éviter les icebergs détachés des glaciers. Le soleil, très pâle il y a un instant, a complètement disparu. Nous sommes plongés dans l'obscurité, et, malgré la boussole et les cartes, nous voici un moment égarés. Quel changement avec le ciel de tout à l'heure ! — Le mécanicien siffle un appel au *Virgo*, mais le *Virgo* reste muet.

Sans être effrayante, notre situation devient critique, car nous ne savons plus exactement quelle distance nous avons parcourue.

Nous risquons de dépasser notre île sans la

voir, et d'aller nous perdre dans la pleine mer!...

Enfin, après plusieurs détours, nous reconnaissons les lagunes de l'île d'Amsterdam à droite, et bientôt un matelot signale le *Virgo* qui se profile dans la pénombre à 50 mètres en face de nous.

Il est, à ce moment, huit heures du soir. Le capitaine, MM. Andrée et Ekholm sont sur le pont. Sans être inquiets sur notre sort, ils sont contents de nous voir revenir, mais le bateau de M. Stadling n'est pas encore de retour.

La brume devient de plus en plus intense, et c'est à peine si l'on se voit d'un bout à l'autre du navire. Un homme de l'équipage sonne la cloche à tout instant, afin d'indiquer le chemin aux trois touristes attardés.

Le souper est très gai : chacun raconte ses aventures et fait part de ses émotions ; les miennes ont été très vives. Mais la journée nous réservait un événement bien plus remarquable.

Nous finissions par être tourmentés sur le sort de nos amis, lorsque, vers dix heures du soir, étant sur la passerelle à interroger le brouillard, j'entendis très vaguement d'abord un murmure, puis un chant rythmé en cadence avec le bruit des avirons. Nul doute, ce sont eux ; ils se sont, sans doute, égarés aussi.

La silhouette du vaillant petit équipage se dessine à quelques pas, et le canot approche à force de rames, car il a fallu abattre la voile. Mais quelle est donc cette masse informe, d'un blanc douteux taché de rouge, qui emplit le fond du bateau ?

Bien que harassés de fatigue, les excursionnistes sont radieux ; ils ont accompli de véritables exploits ; ils se sont livrés à la chasse aux ours et en rapportent trois dans leur frêle embarcation.

Ils sont aussitôt l'objet d'une enthousiaste ovation, pendant qu'on hisse les animaux sur le navire : un ours femelle de grande taille et deux oursons, qui ont répandu une mare de sang au fond du petit bateau !

. . . .

Vous connaissez déjà M. Stadling, permettez-moi de vous présenter ses deux compagnons, M. Appelberg, élève ingénieur à l'École polytechnique de Stockholm, M. Axel Stack, ingénieur chimiste à l'Université de Stockholm, et de céder la plume au premier pour nous raconter les péripéties de cette aventure passablement dramatique :

« Vous vous rappelez la journée charmante du 28 juin ; le soleil brillant sur les eaux de Smeerenburg comme en un miroir ; les montagnes environnantes rendant la scène plus sauvage et plus grandiose. Vous vous rappelez aussi le glacier du fond de Smeerenburg. Je vous ai conté l'aventure que nous avions eue en face de ce glacier, où, par suite d'une rupture, une énorme parcelle détachée a produit dans la mer une onde immense qui a menacé d'engloutir notre petit bateau et nous a donné une douche imprévue.

« Immédiatement après cette aventure, je me hâte pour prendre une photographie du glacier. En cherchant un point convenable, je découvre dans la neige du rivage les traces de trois ours qui sont allés de l'est à l'ouest dans la direction de South-Gatt et de la pleine mer. Ayant informé mes compagnons de cette nouvelle aubaine, je descends dans le bateau, suivi de mes amis, dont l'un d'eux est gravement occupé à sécher ses vêtements au soleil, après le bain forcé produit par la rupture du glacier.

« Alors une chasse bien originale commença : mes compagnons ramaient, je tenais le gouvernail, observant avec la lunette les traces sur le rivage et suivant leur direction. Les traces des ours nous conduisaient continuellement de l'est à l'ouest. Çà et là, les animaux s'étaient évidemment reposés dans quelques fossés naturels creusés dans la neige. Dans d'autres endroits, il y avait des canots sur le rivage en pente où les ours s'étaient amusés à glisser sur leur traîneau naturel. Ayant passé deux promontoires et un glacier très ancien, nous arrivâmes à un troisième promontoire au delà duquel se trouvait un autre glacier d'environ 2 kilomètres de largeur. En face, une banquise restait.

« Quand nous arrivâmes au point extrême du promontoire, nous nous arrêtâmes, ne voyant plus de traces au delà ; nous en conclûmes que les ours devaient se trouver dans le voisinage.

« Ayant poussé une reconnaissance jusqu'à la glace fixe, protégé par de grands icebergs, j'aperçus les ours sous le glacier, sautant l'un après l'autre d'un bloc de glace ; la mère, suivie de ses petits, se livrait à cet exercice, soit pour s'amuser, soit peut-être pour donner une leçon de gymnastique à ses enfants, que sais-je?

« En tout cas, je considérai curieusement pendant quelques instants cette scène de vie familiale oursienne. C'était excessivement curieux à voir, je vous le jure. Mais cette scène patriarcale et champêtre devait bientôt prendre fin, grâce aux instincts de chasseur qui se réveillèrent soudain en moi. Il me fallait à tout prix tuer cette intéressante famille, cette mère avec ses petits. Pourquoi?... Raisonnez donc avec la passion! Raisonnez avec un chasseur! Sans plus de réflexions oiseuses, et tel un chef de bande résolu à l'attaque immédiate d'une proie longtemps désirée, j'ordonnai à mes camarades de rester dans le bateau jusqu'à mon retour, et, sur les genoux, je traversai la glace, derrière des débris de rochers, dans la direction des trois animaux. Cette glace était aussi trouée qu'un crible, et l'eau y tombait en petites cascades avec un bruit persistant et monotone; de menus fragments s'en détachaient à tout instant sans ralentir ma marche.

« Insensible à tout péril, je continuai à me traîner derrière les débris de rocs et j'approchai jusqu'à environ 400 mètres de mes trois bêtes ; maintenant je n'avais plus d'abri ; j'étais à découvert. Alors, je visai longuement, je tirai et je blessai un des oursons. La mère se jeta sur lui, tantôt regardant autour d'elle, tantôt léchant le pauvre animal.

« Je pouvais la voir de très près avec ma lunette d'approche. Je tirai une seconde fois, et la mère se retourna vers moi, furieuse.

« Mes cartouches se trouvaient mouillées et rataient. Je devins nerveux. Il fallait aller chercher de nouvelles munitions dans le bateau. L'ourse abandonna sa première idée de m'assaillir et retourna à ses petits.

« Alors, ayant pris de nouvelles munitions, nous commençâmes tous trois à pousser les animaux vers les eaux libres, et enfin nous eûmes le plaisir de voir la mère, suivie de ses petits, se jeter à la nage. M. Stack resta sur la glace, armé d'une rame, pour leur couper la retraite ; M. Appelberg et moi leur donnâmes la chasse depuis le bateau. L'ourse, un petit sur son dos, nagea assez vite dans notre direction. Nous n'avions pas eu le temps de ramer trois ou quatre minutes que la mère était montée sur un grand bloc de glace flottant au milieu de l'eau libre. Arrivés à une distance de 50 à 60 mètres, je tirai à nouveau, et ma balle, atteignant l'ourse entre les deux épaules, lui perça les poumons. L'animal poussa un cri horrible, répercuté par les échos des montagnes. Furieux, il se jeta à la

ARRIVÉE DE LA NACELLE.

mer, nageant vers nous avec rage, mais seulement pour quelques instants. La pauvre bête mourut bientôt, ayant encore sur son dos l'ourson que j'avais blessé d'abord. Il fut tué aussitôt, l'autre immédiatement après.

« Nous traînâmes ensuite les animaux jusqu'à la banquise, où je photographiai le tableau de mes victimes, étendues inertes, elles si vivantes et si alertes tout à l'heure, et c'est avec une grande peine que nous pûmes réussir à les embarquer dans notre frêle canot. Enfin, nous reprenions le chemin du *Virgo* encore remplis d'émotions, lorsque nous avons été surpris par le brouillard au milieu du Smeerenburg. . . . . . »

Le lendemain, le pilote des glaces, un vieux loup de mer, assisté de M. Stadling, procède au dépècement des trois animaux dont les peaux sont salées et enfermées dans des barils ; puis les morceaux les plus délicats, assaisonnés à plusieurs sauces par la cuisinière, qui a déployé tous ses talents, ornent la table pendant plusieurs repas. Sans être absolument exquis, le plat est appétissant, et d'ailleurs on n'a pas souvent occasion de manger de l'ourse polaire.

V

SOLEIL DE MINUIT.

Vendredi 3 *juillet*. — Je n'ai pas mis pied à terre aujourd'hui ; il fait depuis trois jours un temps épouvantable, et je me demande si le hangar pourra résister à la poussée d'un tel vent; toutefois, c'est un vent est-sud-est qui conviendrait parfaitement pour le voyage, mais le départ serait bien difficile dans ces conditions; cela retarde le travail des charpentiers, et le hangar ne monte guère vite ; je me suis beaucoup ennuyé aujourd'hui, et j'ai été heureux de relire tous les vieux journaux qui servaient d'emballage, car je ne suis pas très bien monté en fait d'œuvres purement littéraires ; quelques volumes seulement composent ma bibliothèque. J'ai relu aussi l'expédition de la *Jeannette*, prêtée par M. Andrée, et dont les épisodes dramatiques ne sont pas faits pour relever le cœur. Quel climat extraordinaire!...

Dans cette contrée les beaux jours sont rares; cependant il fait clair toute la nuit, mais depuis longtemps on ne voit guère le soleil, le thermomètre reste à peu près à zéro.

Mais le soleil de minuit!... Quel inoubliable spectacle que celui de cette mer polaire dans ces nuits radieuses!...

Dès que le brouillard déchire ses voiles et laisse à l'œil toute liberté pour parcourir l'horizon, c'est une succession sans fin d'édifices de glace, de châteaux forts, de cathédrales, de constructions fantastiques ; les uns immobiles dans une majestueuse insouciance du flot qui caresse leurs puissantes assises, les autres se déplaçant lentement, malgré leur masse prodigieuse, et, à chaque oscillation de leurs faces étincelantes, laissant jaillir de leurs flancs d'albâtre des fusées d'émeraudes, de rubis et de saphirs.

Des vastes parois de ces icebergs ruissellent de nombreuses cascades allant se déverser dans des bassins formés dans les bases mêmes de ces monstrueuses montagnes de glace, pour aller ensuite se perdre dans les eaux de la mer ; et toutes ces chutes, grandes et petites, s'illuminent des chauds et rouges rayons d'un splendide soleil...

Cette nature polaire, que l'on croit si pauvre, si glacée, si inerte, dans des régions que de ternes et froids récits de voyages nous font seuls connaître, cette nature prodigue à mes yeux toute une étincelante et fulgurante bijouterie, véritable feu d'artifice d'un autre monde, que les rayons du soleil font éclore et varier vingt fois en une minute.

Et tout cela repose, divins écrins, sur des velours d'une variété inouïe, vert tendre, rose pâle, rouge orangé, cramoisi, rouge ardent, pourpre, jaune d'or, violet, bleu céleste, velours admirable, aux teintes profondes, suaves et délicatement

LE SOLEIL DE MINUIT.

nuancées, que l'eau calme et irradiée se charge de tisser pour le plus grand ravissement des yeux et de l'âme.

O homme, qu'es-tu devant ce spectacle sublime?

Que deviennent, auprès de cette toute-puissante et grandiose nature, tes artifices les plus ingénieux inventés pour te charmer toi-même par l'excès de merveilles accumulées?

Comme les plus superbes décors de tes théâtres sont peu de chose quand on les compare à ce qui se voit ici, ici où l'*eau* seulement et le *soleil* se chargent de la mise en scène; que sont toutes les merveilles enfantées par ton cerveau, par ton industrie souveraine, auprès des miracles de coloris et d'éclat engendrés par un rayon lumineux pénétrant un fragment de glace?...

Mardi 7 juillet. — Il a fait samedi un très mauvais temps ; dimanche, l'atmosphère s'est un peu calmée, et hier, lundi, il a fait une journée superbe; nous en avons profité pour faire une intéressante excursion à la baie de la Magdeleina avec le canot à vapeur. La presqu'île contient une immense nécropole qui date de plusieurs siècles; c'est ici que les baleiniers de Smeërenburg venaient ensevelir leurs morts.

Nous avons tué un énorme phoque qui a failli faire chavirer le bateau en l'embarquant. M. Strindberg, lui, a abattu un renard noir au pied d'un glacier...

Nous sommes rentrés à minuit par un soleil superbe : d'ailleurs, en ce moment, nous le voyons constamment quand le ciel est clair. Il décrit un cercle dont le *Virgo* semble être l'axe, et il est parfois très chaud. Ce matin, il y

EXCURSION A MAGDELEINA-BAY.

avait 20 degrés au soleil et 5 degrés à l'ombre.

Les travaux du hangar vont aussi vite que possible, mais c'est une œuvre colossale. Aujourd'hui, on est au deuxième étage ; il en reste deux à monter, et ce sont les plus difficiles.

Au milieu de la fièvre du travail, les jours s'écoulent dans l'anxiété, car nous sommes sans nouvelles d'Europe. Je suis déjà atteint par le spleen lorsque, enfin, le 12 juillet, dans la soirée, après une journée très maussade, le matelot de quart signale tout à coup l'arrivée d'un petit sloop qui doit apporter notre courrier; en quelques instants tout le monde est sur le pont, et le capitaine du petit bateau *Express* nous remet un énorme ballot de lettres que M. Andrée distribue à chacun; pour ma part, j'en reçois quatorze, et il me serait difficile d'exprimer la joie que j'ai éprouvée en cet instant.

L'*Express* amène six touristes anglais et allemands venus un peu tôt pour assister au départ du ballon; ils sont reçus au *Virgo* et s'intéressent très vivement au projet de M. Andrée.

VI

FÊTE NATIONALE.

Du Virgo, 14 *juillet, soir*. — Le mauvais temps continue, et la bourrasque est si violente que le petit sloop *Express* n'a pu reprendre la mer. Déjeuner très gai : M. Andrée a fait un petit *speech* qui m'a beaucoup ému. Il a parlé de la fête nationale en France et de l'aérostation, que je représente ; a vanté l'abnégation dont j'ai fait preuve et, enfin, m'a témoigné le plaisir qu'il éprouvait à voir les liens d'amitié se resserrer chaque jour davantage. Il n'a pas oublié la famille et les amis...

Le capitaine avait fait arborer au grand mât le pavillon tricolore et pavoiser le navire. Le champagne pétillait dans les coupes...

M. Strindberg a joué l'hymne national, et les assistants m'ont comblé d'attentions. La lettre qui va suivre donnera la mesure de la solidarité qui régnait parmi nous.

A bord du Virgo, *Dansk-Gall*,

Le 14 juillet 1896.

A Madame Lachambre, Paris.

Chère Madame,

Aujourd'hui, le jour de fête de votre patrie, la belle France, nous avons été heureux d'avoir eu une occasion précieuse de présenter à M. Lachambre nos remerciements sincères pour les grands services qu'il a rendus à notre expédition par les travaux soigneux et excellents qu'il a faits et en nous suivant jusqu'ici pour nous offrir son expérience précieuse. Certainement, il a été pour vous comme pour lui un grand sacrifice que ce voyage et c'est ainsi pour nous un devoir de vous remercier, vous comme M. Lachambre.

Nous avons bu aujourd'hui à la santé de M. et Mme Lachambre en hissant le pavillon tricolore et en chantant la *Marseillaise*. A cette occasion, M. Andrée a eu l'honneur de fixer sur la poitrine de M. Lachambre la décoration des palmes académiques et nous l'avons félicité avec enthousiasme, de cette distinction si bien méritée.

Soyez convaincue, chère madame, que nous faisons de notre mieux pour diminuer à M. Lachambre les inconvénients de la vie dans ces régions peu hospitalières.

Nous vous prions, chère madame, de vouloir bien agréer nos hommages respectueux.

Signé : S. A. Andrée; Nils Ekholm; Nils Strindberg; Zachau, capitaine du *Virgo*; Goste Grunberg, zoologue, Carl Ekelund, médecin; Svante Arrhénius, hydrographe.

Et pendant que M. Strindberg modulait sur son violon les mélodies suédoises les plus poétiques et les plus passionnées, le vent faisait rage au dehors et balançait le

LE « VIRGO » PAVOISÉ POUR LA FÊTE DU 14 JUILLET.

navire avec des craquements épouvantables.

Dansk-Gatt, du Virgo, *le* 16 *juillet, midi.* — La tempête, endormie un instant, a repris hier soir avec rage, et l'*Express*, qui était parti à huit heures, a été obligé de revenir quelques heures après s'abriter près du *Virgo* en toute hâte.

Si le *Virgo* est un navire robuste, qui peut braver la tempête, il n'en est pas de même du petit sloop, qui a déjà failli faire naufrage en venant.

VII

LE GONFLEMENT.

21 *juillet*. — C'est seulement aujourd'hui que nous avons pu commencer à nous occuper du ballon qui, depuis son débarquement, était resté enfermé dans sa caisse au pied du hangar.

Il est amené à l'entrée et allongé sur le parquet recouvert d'une épaisse couche de feutre.

On l'étale en épervier, les soupapes y sont adaptées, avec leurs cordages, le filet mis en place, ainsi que la chemise protectrice.

Les manches de gonflement, passant par une ouverture centrale pratiquée dans le plancher, vont rejoindre l'appareil à gaz situé à 80 mètres de distance et en contre-bas du hangar, derrière la maison Pike.

Ce travail très difficile (l'enveloppe seule du ballon pèse près de 1400 kilogrammes, et le filet 450) se termine dans la soirée du 22 sous une pluie fine et pénétrante. Le matin du 23, la neige commence à tomber à gros flocons. Le ballon en est recouvert d'une couche épaisse

ARRIVÉE DU BALLON.

lorsque les premiers mètres cubes de gaz commencent à soulever avec peine la lourde enveloppe de soie. Cette opération commence avant même que le hangar soit terminé; il manque encore une partie des clôtures supérieures, et

M. Andrée renonce à faire mettre la toiture en toile qui, pourtant, serait bien utile ; mais le temps presse, et tout retard peut compromettre le départ.

La nacelle, installée dans une annexe du hangar, est merveilleusement comprise. La partie inférieure est complètement entourée de toile à voiles. Elle reçoit le jour par deux fenêtres latérales. Le milieu est occupé par une sorte de sommier recouvert d'un sac de couchage en peaux de renne.

Tout autour, des compartiments pour recevoir les livres, cartes et instruments, les objets de toilette et la batterie de cuisine, les armes, les munitions, etc. On y descend par une trappe pratiquée dans le plancher. Au-dessus, à un mètre, un cercle, monté sur des balustres articulés, lui permettant de conserver l'horizontalité, forme un balcon au milieu duquel se tiendront deux des explorateurs pendant que le troisième prendra du repos. C'est à ce cercle que sont fixés les instruments, boussoles, sextants, théodolites, baromètres, thermomètres, appareils photographiques, etc.

Les six cordes qui suspendent la nacelle sont reliées à la partie supérieure par un câble qui les rapproche du centre en les éloignant du balcon; elles s'éloignent ensuite de cet hexagone

LA NACELLE DU BALLON.

pour aller rejoindre le cercle de suspension qui se rattache au filet.

Six pochettes en toile à compartiments fixées entre les cordes de suspension, du plancher de la nacelle au balcon, permettent de recevoir les objets ou instruments qu'on a besoin d'avoir sous la main à tout instant.

Le cercle de charge porte un tableau divisé en compartiments occupés par quatre corbeilles destinées à contenir une foule d'accessoires, bouées, ancres, cordages, etc.

Au centre du plateau, une ouverture carrée livre passage à une échelle de corde attachée à l'appendice du ballon et permettant d'aller inspecter l'intérieur par les lucarnes pratiquées dans la soupape de sûreté ; ce plateau peut au besoin servir de refuge aux aéronautes, au cas où ils seraient obligés d'abandonner la nacelle.

Le cercle de charge supporte un palan différentiel servant à déplacer les guides-ropes dont l'action combinée avec la voile doit amener une déviation avec la ligne du vent. Les voiles sont fixées au filet par des sangles de chanvre.

Les trois guides-ropes sont rattachés à ce palan par une pièce mécanique fort ingénieuse. A l'aide d'une manivelle et d'un pignon d'angle, on peut faire tourner les guides-ropes qui sont composés de plusieurs tronçons reliés entre eux par un raccord à vis. Au cas où l'extrémité d'un guide-rope viendrait à se coincer entre les glaces

PORTRAIT DE STRINDBERG.

au point d'arrêter la marche du ballon, on pourrait se dégager en opérant sur ce guide-rope une torsion à l'aide de la manivelle, et en abandonnant le morceau prisonnier; on rajoutera ensuite un tronçon de guide-rope par le haut, s'il y a lieu, en se servant des cordages de réserve.

Afin que les guides-ropes ne se détachent pas seuls dans un moment inopportun, M. Andrée a imaginé de mettre un ressort fait d'une lame d'acier qui opère une pression sur l'écrou du raccord; l'effort de ces ressorts est gradué et augmente de bas en haut, de façon que ce soit toujours le tronçon du bas qui se détache le premier. Ces guides-ropes sont imprégnés de vaseline, ce qui les rend insubmersibles et facilite beaucoup leur glissement sur la glace.

Au-dessus du cercle, les vivres et les provisions de toutes natures sont emmagasinés dans des sacs de toile divisés en compartiments et solidement attachés entre les cordes de suspension; tous les objets sont fixés de façon qu'aucun choc ne puisse les projeter au dehors.

Le nombre de cordes de suspension est de 48, formant 48 intervalles égaux, dont 36 sont occupés par les sacs de vivres et 12 par les traîneaux, canots, vergues, etc.

Les provisions comprennent des boîtes de conserve de toutes sortes : du chocolat, du pain comprimé, du lait concentré, du champagne, du vin de Bordeaux, de l'alcool, de l'eau douce, sans oublier le beurre, aliment indispensable dans les régions polaires.

Tous ces sacs sont pesés, classés, étiquetés, et forment un poids de 1000 kilos. Ce qui ne sera pas consommé pourra servir de lest, et M. Andrée a trouvé plus pratique d'emporter des vivres au lieu de ballast.

L'appareil destiné à cuire les aliments est composé d'un cylindre suspendu par une sangle de 10 mètres, le long de laquelle court un tube en caoutchouc; à l'intérieur, une lampe à alcool s'allume au contact d'une allumette qui prend feu à l'aide d'un petit mécanisme très simple mû par une cordelette.

Une marmite de petite dimension, renfermée dans le cylindre et remplie d'eau, pourra entrer en ébullition dans quelques instants.

On éteint la lampe en soufflant de la nacelle dans le tube, et un miroir disposé à 45 degrés permet de voir si elle est bien éteinte avant de ramener l'appareil.

VIII

L'« ERLINE JARL ».

Dansk-Gatt, 23 *juillet*. — Le vend sud, qui a soufflé presque constamment depuis notre arrivée à Dansk-Gatt, a cessé depuis le 19 juillet, et ce sont les vents nord ou nord-est qui règnent avec leur cortège de pluie ou de neige.

L'appareil à gaz fonctionne très régulièrement et donne environ 60 mètres cubes à l'heure.

Le service est divisé en quarts de six heures, et le premier, de huit heures du soir à deux heures du matin, m'est confié. Je suis secondé seulement par deux marins, dont l'un parle assez bien français, M. Knos, *ingénieur*, qui s'est engagé pour faire la campagne. Puis je suis remplacé par M. Strindberg, qui est relevé ensuite par M. Andrée, à qui je succède.

A onze heures du soir, le bruit de la sirène vient rompre le silence et faire tressaillir l'écho des montagnes. Puis je vois s'avancer lentement et majestueusement le superbe *Erline Jarl*, portant le pavillon norvégien, qui vient jeter l'ancre à quelque distance du *Virgo*.

L'eau de la mer, où s'écoulent les sulfates et les résidus de l'appareil à hydrogène, a pris une

L'APPAREIL A GAZ HYDROGÈNE.

couleur de rouille sur plusieurs kilomètres d'étendue. Cette particularité surprend beaucoup les nouveaux venus qui croient voir le fond de l'Océan.

Le capitaine Zachau, du *Virgo*, va recevoir

les arrivants, et revient à son bord avec un chargement de lettres pour notre équipage.

La neige redouble, et il n'y a pas le moindre abri dans le hangar. Je me fais aménager une sorte de guérite dans la caisse du filet.

Nous éprouvons bien des difficultés au commencement du gonflement, et je suis souvent obligé d'aller emprunter des aides à l'usine à gaz, tant l'étoffe du ballon est lourde à remuer...

Un incident : le ballon a déjà reçu 1000 mètres cubes de gaz, quand l'appareil s'arrête et refuse absolument de fonctionner. Grand émoi parmi les membres de l'expédition ! que signifie cela ?...

Mais voici le mot de l'énigme :

La pompe, qui puise l'eau de mer, a absorbé une telle quantité de crevettes que tous les robinets en sont obstrués. On ne s'attendait guère à voir des crevettes en cette affaire.

M. Andrée, qui a songé à tout, a oublié de compter avec ces infiniment petits. Les générateurs et les valves sont nettoyés et purgés ; le tuyau d'aspiration est muni d'une crépine, puis l'opération se continue sans autre embarras.

Il a été employé pour la production de l'hydrogène 25000 kilogrammes d'acide sulfurique et 15000 kilogrammes de tournure de fer

LE HANGAR TERMINÉ.

Tout ce que la chimie et la physique ont produit d'instruments d'épuration, de pesage, d'examen, est représenté dans l'appareil de M. Andrée.

Dès le matin du 24 juillet, les touristes de l'*Erline Jarl* arrivent à l'île ; ils sont environ soixante de tous pays. Plusieurs m'apportent des nouvelles d'amis, et la connaissance est bientôt faite. Nous sommes très entourés et assaillis de questions. M. Andrée fait les honneurs du chantier avec beaucoup de bienveillance et développe ses théories sur les moyens qu'il compte employer pour essayer d'atteindre le pôle. Il donne la description des instruments et des appareils. Je distribue aux touristes des échantillons du tissu employé pour le ballon.

Nous recevons des nouvelles de l'Europe ; elles font toujours un plaisir qu'on ne saurait se figurer quand on ne s'est jamais bien éloigné de son pays. Tout, du reste, dans ces latitudes sauvages, porte à augmenter encore l'inconscient regret de ce qu'on a quitté ; et ceux qui viennent d'une région plus ou moins proche de notre patrie prennent immédiatement figure de personnes amies, attendues depuis longtemps.

La soirée du 24 est très gaie. Je dîne à bord de l'*Erline Jarl* et j'assiste à un concert donné par de véritables artistes. Je fais un retour sur moi-même, et je me dis qu'il m'aurait fort surpris, mon voisin quelconque à un concert quelconque de Paris, s'il m'eût dit : « Dans tant de

LE « VIRGO » ET LE BALLON GONFLÉ DANS SON HANGAR.

mois, à telle époque, vous entendrez au Spitzberg les mêmes instruments; vous vous délecterez des mêmes airs... »

L'homme se démène, et Dieu le mène.

Samedi 25. — A midi, arrivée du petit sloop

Express portant des nouvelles. A une heure, départ de l'*Erline Jarl* pour une excursion vers le nord. Le programme consiste à approcher jusqu'à la banquise, et l'aimable capitaine Bade m'offre une place à son bord. Mais, quelque envie que j'en aie, je ne puis quitter M. Andrée en ce moment, car le ballon réclame tous nos soins.

Dimanche 26. — M. Andrée fait une conférence aux marins de l'équipage. Sa parole chaude et colorée, ses explications techniques, d'une parfaite clarté, provoquent souvent des applaudissements.

Lundi 27. — Le gonflement se termine au moment où l'*Erline Jarl* revient de son excursion.

Le *Victoria* arrive dans la soirée, et la réunion des quatre navires donne à Dansk-Gatt un air de fête à laquelle le soleil contribue pour une bonne part. Notre petite colonie internationale est très animée.

Après une semaine d'attente pour assister au départ du ballon, les touristes perdent patience. Ils veulent être à Vadso le 9 août pour voir l'éclipse du soleil.

Le 30 juillet, un dîner somptueux nous est offert à bord de l'*Erline Jarl*, et, le 31, les touristes se rendent en corps au pied du hangar.

A droite et à gauche de l'entrée, les matelots du *Virgo* et de l'*Erline Jarl* forment la haie ; au fond, les passagers sont groupés autour des explorateurs.

Plusieurs discours sont prononcés par le capitaine de l'*Erline Jarl* et quelques touristes, puis une jeune fille, qui voyage avec son fiancé et une parente, attache au bras de M. Andrée un ruban bleu, et elle lui remet ensuite, pour faire la route, une bouteille du meilleur vin, un gâteau et un rosier avec quatre roses : une pour chacun des explorateurs.

Le capitaine Bade, de l'*Erline Jarl*, dit alors à M. Andrée :

— Si vous atteignez le point mystérieux vers lequel tendent vos efforts, jetez-y la quatrième fleur en signe de paix avec l'ancien monde.

— Mes chers amis, répond M. Andrée d'une voix émue, vous qui venez de si loin pour me voir partir à la conquête du grand inconnu, mes chers amis, merci !!!

« Mademoiselle, vous venez de me mettre un

lien, à moi qui veux partir; mais ce lien sera mon talisman. On m'a appelé un grand homme : il me sera difficile de mériter ce titre si les vents du nord continuent encore à souffler pendant quelques semaines comme maintenant. Notre grandeur s'envolera avec eux, loin, bien loin. A cela, que faire? Si nous ne pouvons partir, nous pourrons dire, du moins, que nous avons fait tout ce qui était humainement possible, et vous pourrez en témoigner.

« Vous allez retourner vers le sud, et, si vous rencontrez ces vents qui nous sont nécessaires, oh! envoyez-les-nous et nous les saluerons comme des messagers de nos bons amis de l'*Erline Jarl*.

« Mes compagnons du *Virgo*, un quadruple hourra à nos amis qui nous enverront les vents du sud. »

Pendant cette touchante manifestation, l'*Erline Jarl* tire en l'honneur de l'expédition Andrée une salve de vingt et un coups de canon qui font tressaillir l'écho des vallées.

Puis, les discours terminés, on quitte l'île pour finir la soirée sur l'*Erline Jarl*, pavoisé, ainsi que le *Virgo*, d'une multitude de pavillons, comme pour les grands jours de fête, et je ne puis me lasser de contempler les nobles couleurs du drapeau français flottant fièrement à l'avant du superbe navire, — délicate attention

LA COUPOLE DU BALLON (SOMMET DU HANGAR).

du capitaine à mon égard, et dont je suis touché plus que je ne saurais dire.

Que de choses dans ce drapeau ! que de souvenirs ! que de réconfort ! Et comme on comprend bien, loin de sa patrie, toute la muette éloquence de cet être impersonnel, de ce symbole glorieux!... Au milieu de toutes ces personnes parlant des langues que j'ignore, au milieu de ce groupe d'hommes isolés au bout du monde, et moi-même perdu au milieu d'eux, pour ainsi dire, par la difficulté de m'en faire comprendre, il y a là un vivant souvenir du pays, le représentant même de la terre française, le DRAPEAU, arboré sur un navire étranger pour me témoigner l'estime en laquelle sont tenus les enfants de cette noble terre... Et ce pavillon semble me dire : « Tu n'es pas seul ; je suis là aussi ; tu n'es plus isolé ; nous sommes *quelqu'un*, ici, nous comptons. »

Nous montons à bord, et bientôt les pacifiques détonations des bouteilles de champagne — encore un souvenir du sol français ! — ponctuent les nombreux toasts qui s'échangent dans le grand salon. Puis, l'animation devenant de plus en plus grande, ce sont des chants, des vivats, de bruyantes conversations particulières, des souhaits de bonheur, des projets de rencontre pour plus tard, et nous quittons le navire hospitalier pour regagner le *Virgo* à une heure très avancée.

Quelle journée! et comme les cœurs sont prompts à s'unir dans les circonstances de ce genre, lorsque de loin en loin, à l'isolement si lourd, si monotone d'une pénible navigation dans ces froides solitudes, succède tout à coup la bruyante rencontre d'inconnus, si vite transformés en vieux amis!

1er *août, neuf heures du matin.* — Par un ciel brumeux et chargé de neige, l'*Erline Jarl* lève l'ancre, évolue majestueusement, nous envoie ses saluts et ses souhaits, puis glisse lentement sur les eaux en laissant derrière lui un écumeux sillage; les battements de sa machine deviennent de plus en plus réguliers; bientôt nous ne les percevrons plus; et c'est avec un serrement de cœur bien facile à comprendre que nous voyons se profiler et disparaître à l'horizon ce beau navire, qui était venu pour un moment faire éclater la vie et la joie au milieu de nous.

Longtemps encore, accoudé sur la passerelle, je suis des yeux le noir panache de fumée que l'*Erline Jarl* promène sur les flots, j'entends encore un dernier salut de la sirène, et je rentre tout pensif dans ma cabine, plus triste certes que je n'ose me l'avouer.

M. Grumberg, le naturaliste, ne cesse de travailler pour enrichir ses collections; il traîne la drague, pêche, chasse et tend des pièges pour les renards; il a réussi à capturer deux de ces animaux tous jeunes, qu'il a installés dans l'île et qui vivent dans une jolie cage improvisée, sur laquelle un plaisant anonyme a mis une pancarte portant un fragment du *Pater* en suédois : « *Donnez-nous aujourd'hui le bread quotidien.* »

M. Grumberg surveille ses pensionnaires avec un soin jaloux, et se promet de les offrir à un jardin zoologique de Stockholm; mais la veille même du départ, les renards qui, depuis longtemps, travaillaient à leur élargissement en rongeant les planches de la cage, parviennent à s'échapper et s'enfuient dans la montagne, poursuivis par les matelots qui leur donnent la chasse...

Ils courent encore...

. . . .

Je doute fort que M. Grumberg puisse les rattraper l'été prochain.

Mais qui sait!... le hasard est si grand!...

— Vous auriez dû, disait quelqu'un, leur attacher une faveur à la queue... pour les reconnaître.

Moi, j'observai que ces jeunes renardeaux avaient peut-être connaissance de la fable de La Fontaine intitulée : *le Petit Poisson et le Pêcheur*, et que certainement ils reviendraient à lui dès qu'ils auraient acquis une taille raisonnable.

Et je m'amusai à lui faire une copie de cette fable, *spécialement* arrangée pour la circonstance :

LES RENARDEAUX ET LE CHASSEUR.

Petit renard deviendra grand,
Pourvu que Dieu lui prête vie ;
Mais le lâcher en attendant,
Je tiens pour moi que c'est folie.

Deux renards, qui n'étaient encor que renardeaux,
Deux jouvenceaux,
Furent pris d'aventure
Par le docteur Grumberg,
Au Spitzberg.
— Tout fait nombre, dit l'homme en voyant sa capture,
Voilà commencement d'une collection;
Faisons-leur une cage en bonne condition.
Un de ces renardeaux, regrettant sa tanière,
Lui dit en sa manière :
— Que ferez-vous de nous, nous ne saurions fournir
Qu'un bien mince cadeau pour un petit musée...
Laissez-nous renards devenir ;
Vous nous prendrez plus tard, quelque belle journée...
Un muséum sérieux pour nous paîra très cher...

Tandis qu'il vous en faut chercher
Peut-être cent de notre taille
Pour faire un don : quel don! croyez-moi, rien qui vaille.
— Rien qui vaille ? Eh bien, soit ! répondit le chasseur ;
Renardeau, bel ami, qui faites le prêcheur,
Vous irez dans la cage ; et, vous aurez beau dire,
Tout à l'heure on va la construire.
Un *Tiens* vaut, ce dit-on, mieux que deux *Tu l'auras.*
L'un est sûr, l'autre ne l'est pas.

Mais les deux renardeaux, sourds à cette harangue
(Peut-être du docteur ignoraient-ils la langue),
Travaillèrent tant et si bien.
Qu'un jour le docte praticien
De raretés avide
Trouva la cage vide.

L'aimable docteur Ekelund a rarement l'occasion d'exercer son ministère ; car, à part quelques doigts écrasés ou autres blessures plus légères, la santé est excellente ; aussi il emploie ses loisirs à déclouer les caisses, ou à préparer pour les naturaliser les oiseaux de différentes espèces qu'il tue à la chasse. Pendant le gonflement du ballon, il surveille le fonctionnement de l'appareil à gaz et se partage les quarts avec le professeur Arrhénius et M. Stake.

Ces Messieurs font aussi leur part du service météorologique, qui est suivi d'une façon très régulière par l'état-major de l'expédition. Les observations sont minutieusement enregistrées toutes les heures dans le journal du bord.

Sur l'île d'Amsterdam, la neige est teintée de rouge sur une assez grande étendue, et les savants en recueillent pour l'examiner au microscope. Elle présente, en effet, certaines particularités ; on prétend qu'elle contient des plantes minuscules ; le fameux baleinier Scoresby l'avait déjà remarqué.

IX

LA NEIGE.

Dansk-Gatt, 4 août. — L'*Express* est reparti hier soir, emportant nos dernières lettres, et nous n'avons plus maintenant d'espoir, à Dansk-Gatt, d'avoir d'autres nouvelles d'Europe, car la saison s'avance.

Le vent nord persiste et nous a amené une véritable tempête de neige ; les montagnes ont revêtu leur manteau d'hiver, et la nature semble se préparer au sommeil. Les oiseaux sont plus rares et ont cessé de faire entendre leurs cris joyeux. Un capuchon blanc recouvre la coupole du ballon, qui n'attend pourtant qu'un courant du vent sud pour s'envoler; mais ce vent, qui a soufflé pendant le mois de juillet, a complètement disparu. Ironie du sort! Qui eût pu prévoir ce contretemps, et comme l'expédition eût admirablement réussi si nous eussions été dans le secret des dieux!

Maintenant, le ciel reste brumeux et obscur au nord; le soleil ne s'est pas montré depuis fort longtemps; la mer est très agitée.

Le drapeau placé sur la montagne, derrière le hangar, et qui devait nous indiquer la direction du vent, a été renversé cette nuit par la bourrasque. Le pilote des glaces a donné avis que nous n'étions pas en danger d'être pris jusqu'à fin courant; mais le capitaine, qui a charge d'âmes, a déclaré que le *Virgo* lèverait l'ancre le 20 courant au plus tard, pour reprendre la route du sud, quoi qu'il arrive à l'expédition polaire.

M. Andrée et ses deux compagnons attendent patiemment une éclaircie et un vent frais du sud pour prendre leur essor; ils ont toujours la foi qui soutient. Le ballon lui-même semble attendre qu'on le délivre de ses entraves pour montrer sa force et sa puissance; tout est prêt, pesé et prévu, tout est soigné, vérifié dans les moindres détails par M. Andrée : vivres, instruments, appareils sont en place.

Il ne reste qu'à suspendre la nacelle et à jeter

LE BALLON PRIS DU « VIRGO ».

bas la partie nord du hangar ; c'est l'affaire de quelques heures ; mais il faut le vent favorable, et nous nous morfondons vainement à l'attendre. Tous ces retards, bien indépendants de M. Andrée, compromettent le succès de son expédition. Ils sont excessivement regrettables, car le soleil est déjà très bas et la nuit polaire approche à grand pas.

5 *août, midi.* — La neige continue à tomber, mais le vent tourne au sud-ouest, il est presque bien placé, et l'espoir renaît vite. Puisse le destin ouvrir bientôt à M. Andrée la route du nord et me rendre moi-même à ma patrie et à ma famille inquiète ! A sept heures du soir la situation atmosphérique reste la même. La neige tourbillonne, le ciel est obscur.

Dansk-Gatt, 6 *août*. — Un petit ballon, lancé à six heures, a pris la direction de l'est, à 300 mètres. L'appareil à gaz fonctionne ; on remplit le ballon, qui est déjà gonflé depuis dix jours. Il est couvert de neige, et il n'y a pas un coin sur le hangar qui ne soit blanc ; la gondole est pourtant recouverte d'une bâche, mais la neige tourbillonne et pénètre partout.

Impossible de rester sur le pont du navire, où le vent fait rage, et la journée se passe triste et monotone ; chacun désire la fin de cette campagne, qui semble interminable ; aussi longtemps que les bateaux des touristes et les baleiniers avaient été rangés près de nous, et avaient apporté dans cette solitude le mouvement et la vie, notre séjour avait été fort agréable : c'était une petite colonie internationale bien gaie, bien vivante ; maintenant Dansk-Gatt a repris son aspect morne et abandonné. Et la neige tombait toujours, comme dirait Xavier de Montépin.....

Et alors, claquemuré dans ma cabine, dans mon domaine de 2 mètres superficiels, je me mets à feuilleter mes quelques volumes, déjà sus par cœur depuis longtemps, hélas! mais espérant quand même y trouver, sinon du nouveau, au moins de l'ancien plus particulièrement aimé... Et je ne fus pas déçu, car je relus avec un bien vif plaisir, dans *la Mér* de mon ami d'enfance, le bon poète Jean Richepin, ces vers sur la neige qui étaient bien de circonstance, certes.

Il est bien loin, le temps où, sur les bancs de notre petite école de Belleville, nous regardions ensemble en haut de la carte d'Europe ce petit archipel qui se nomme Spitzberg, qui me semblait dans mon imagination enfantine un point inaccessible!...

EFFET DE NEIGE.

Dans la mer au bleu plombé
Le ciel blafard est tombé.
Aucun vent! même une plume
Ne tiendrait pas en l'air;
Et pas un seul rayon clair
Sur tout ce gris ne s'allume.

Soudain plane en voltigeant
Comme un papillon d'argent,
L'envergure grande ouverte.
Cet argent sur ces étains
Réveille les tons éteints
De l'eau qui redevient verte.

Après lui d'autres, lents, lourds,
Au corset de blanc velours,
Aux ailes d'hermine blanche,
Un, cent, mille, millions,
Tourbillon de papillons
Papillons en avalanche.

C'est la neige doucement
Qui croule du firmament.
Elle y dormait paresseuse
Sur le nid qu'elle couvait,
Et sans bruit son fin duvet
Descend dans l'onde mousseuse.

Les flocons mêlent leurs nœuds,
Font le ciel jaune et laineux;
Mais la mer est purpurine
Et scintille par-dessous,
Comme de l'éclat dissous
Jailli d'une aube marine.

Ténébreux est le plafond,
Mais en bas l'ombre se fond
Aux feux de cette ombre étrange,
D'où la lumière à présent
Monte et fuse en s'irisant
Sur ce coton qui s'effrange.

Quel jour bizarre! on dirait
Qu'on est au pays secret
Inconnu même des rennes;
Où l'effluve sans chaleur
Colore seul la pâleur
Des nuits hyperboréennes,

Dans l'air obscur et glacé
Voici qu'un vol a passé.
Oiseaux du Nord, lummes, grèbes,
Dont les bras battant les flancs
Sèment tous ces œillets blancs,
Cueillis dans les blancs Érèbes.

Oui, c'est le pôle! on s'y croit.
L'enfer sombre, l'enfer froid,
Aux œuvres magnétiques,
L'enfer blême où l'on attend
Les banquises cahotant
Leurs défilés fantastiques;

Car sous ce voile épaissi
Il semble qu'on voie aussi,
Comme aux horizons polaires,
Voguer sur l'écran des cieux
Les glaçons silencieux,
En flottes crépusculaires.

JEAN RICHEPIN.

X

LONGUE ATTENTE.

Smeerenburg, vendredi 7 août, midi. — Le ciel s'est éclairci, et le soleil nous envoie quelques rayons qui nous ont rendu un peu d'espoir.

La neige fond ; mais le vent, bien que faible, reste toujours placé à l'ouest. Le ballon, qui tient bien son gaz, s'égoutte peu à peu.

Je fais une longue excursion sur le versant est de l'île des Danois. L'île de Fogll-Sund est dorée par le soleil de midi. Les oiseaux se sont réveillés ; j'ai aperçu plusieurs bandes d'eiders.

A six heures, lancé quatre ballons pilotes ; trois sont partis au sud-est à 500 mètres, et un sur la mer, à 60 mètres.

Samedi 8. — Dix heures, temps couvert ; vent faible, incertain, avec tendance à tourner au sud-est. Thermomètre, 7 degrés.

Après-midi, vent sud-est à 1000 mètres ; à terre, vent nul ou nord faible.

Neuf heures du soir, le vent supérieur se

maintient au sud; espérons qu'il descendra et que nos projets pourront enfin se réaliser.

Dimanche 9 août. — Matinée : vent sud faible; après-midi : calme plat; ennui général, cela va sans dire. M. Ekholm déclare que le ballon perd environ 30 kilogrammes par jour; il estime qu'il peut fournir un voyage de quarante à cinquante jours de durée, et, pour une situation pareille, c'est réellement peu; mais l'enveloppe est solide et soignée.

Lundi 10 août. — Ballon très plein, quoiqu'il n'ait pas eu de gaz depuis vendredi (60 mètres). Température plus élevée; vent du sud très faible; baromètre stationnaire.

Quatre heures du soir: vent de terre nul.

Un ballon pilote est lancé à deux heures; il monte à 100 mètres; direction nord, vitesse 4 à 5 mètres à la seconde. Sept heures du soir : vent sud assez fort dans les hautes régions.

Puis, changement complet; c'est le vent du nord qui domine.

Eh quoi! allons-nous, au dernier moment, passer la main?

Faudra-t-il empaqueter ce ballon, prêt à

prendre son essor vers une terre autour de laquelle tant d'efforts se sont brisés depuis des siècles ?...

« *Un cheval pour mon royaume !* » s'écriait Richard III dans une de ces luttes où la brute humaine croit acquérir tant de gloire en massacrant son semblable, en semant la mort sur ses pas... Et que n'eussent pas donné les trois savants et courageux explorateurs pour un souffle de vent favorable qui leur eût permis de poursuivre contre l'inconnu la lutte commencée !...

Quelles amères réflexions ne faisais-je pas !... Dans une campagne riante où tout parle travail et prospérité, où chacun se repose sur l'avenir, heureux des travaux entrepris, heureux de la tâche de chaque jour, survient tout à coup ce même vent, tant désiré ici, et quelques instants après, la tempête aveugle en ses fureurs a semé la mort et la ruine là où la vie et la richesse s'élaboraient !...

Ici, la science avait besoin d'un peu de ces vents destructeurs ; d'un peu seulement ; et rien !...

Et peut-être que, plus loin, ils brisaient des navires, ils emportaient des existences !

Ah! ballon dirigeable, que n'es-tu déjà ici!...

Vendredi 14 août (dix-neuvième jour de gonflement), *sept heures du matin.* — Le lieutenant vient prévenir que le vent du sud règne; il est même assez fort. On met en marche l'appareil à gaz pour faire le plein.

La neige tombe faiblement, mais fond assez vite. A neuf heures, M. Andrée lance un petit ballon qui prend la route du nord jusqu'à 40 ou 50 mètres de hauteur, mais qui se dirige ensuite vers l'est à mesure qu'il s'élève; puis le vent revient *plein ouest, et c'est fini d'espérer...*

Notre joie a été de courte durée. D'ailleurs, la saison est trop avancée maintenant pour tenter un voyage semblable: c'est l'hiver!...

XI

LE « FRAM ».

A neuf heures et demie, le pilote des glaces signale un trois-mâts à la pointe est de l'île d'Amsterdam.

Grand émoi au *Virgo*... Que vient faire ce

navire dans les régions qui ne sont fréquentées que par les baleiniers ou les touristes?

Il stoppe et arbore le pavillon norvégien au grand mât. Un seul cri s'échappe de toutes les poitrines : NANSEN!... Nansen de retour du pôle!...

Ceux qui ont vu la photographie du navire *Fram* le reconnaissent parfaitement dans ce steamer arrêté à 4 kilomètres de nous.

La neige tombe fine et serrée. Le capitaine et MM. Andrée, Ekholm et Strindberg partent dans le canot à vapeur pour recevoir leurs vaillants compatriotes!

A quelques toises du *Fram*, M. Andrée et ses amis poussent un hourra chaleureux en l'honneur de Nansen... mais les visages des marins du navire prennent une expression douloureuse!... Nansen n'est pas avec eux!... Il les a quittés le 14 mars 1895 par 84° de latitude, accompagné d'un jeune lieutenant, Johannesen, emmenant des traîneaux, vingt-huit chiens et cent vingt jours de vivres.

Il s'est dirigé vers le pôle avec l'espoir de regagner ensuite la terre de François-Joseph, où l'expédition anglaise Jackson... a dû hiverner. Après l'échange des souhaits de bienvenue et le premier moment d'émotion passé, les membres des deux expéditions se sont entretenus familièrement, surpris et heureux de se retrouver dans l'océan Glacial arctique, libre enfin.

LE « FRAM » A TROMSÖ.

Le *Fram*, avant-hier encore bloqué dans les glaces par 81°, avait appris notre présence par un baleinier ; aussitôt la mer libre, il avait mis le cap sur Dansk-Gatt avec l'espoir d'avoir des nouvelles de Nansen !...

Le capitaine Sverdrup, le lieutenant Hansen, le docteur et cinq marins prennent place dans le canot. Les trois autres marins restent à bord, et la petite troupe vient visiter notre installation et le ballon qui attend dans le hangar.

L'étonnement de ces braves gens est grand, comme on peut le penser !...

Ensuite, l'expédition se rend au *Virgo*, où le champagne mousse bientôt dans les verres : et c'est plaisir de voir ces braves navigateurs, heureux de retrouver des frères d'armes, des compagnons de périls, après un séjour de trois ans et deux mois au milieu des glaces polaires.

Je suis fier d'être un des premiers à saluer le retour du *Fram* dans ces lointaines régions, et j'ai la bonne fortune de causer longuement avec le lieutenant Hansen, qui parle assez bien le français. C'est un homme aimable, d'une trentaine d'années, de taille au-dessus de la moyenne, brun, aux yeux vifs, au front intelligent, à la figure sympathique.

Il m'adresse de nombreuses questions sur les événements qui se sont passés en Europe depuis trois ans ; je lui apprends la mort du tsar Alexandre III, l'assassinat du président Carnot, etc., etc.

Je lui fais connaître aussi les découvertes ou inventions nouvelles : le cinématographe, les rayons X, etc., etc.

Tout cela paraît l'intéresser vivement ; puis il me fait sommairement un récit du voyage du *Fram*, récit extrêmement émouvant.

M. Andrée prononce ensuite un discours et porte un toast à Nansen, ainsi qu'à ses valeureux compagnons. Le capitaine et le lieutenant répondent par quelques paroles vibrantes et émues, et je me sens saisi d'admiration pour ces vaillants qui ont porté le pavillon européen jusqu'au 86e degré de latitude.

Ils sont heureux de revoir leur patrie et leurs familles ; mais ils sont calmes et patients, comme il convient à des héros !

Le lieutenant a sa fiancée qui l'attend...

M. Andrée lui remet une lettre de sa mère,... toute fraîche arrivée. Il remet aussi au capitaine Sverdrup une lettre à l'adresse de Nansen avec la suscription : « *Au pôle Nord* ».

La bibliothèque du *Fram* contient *Cinq semaines en ballon* de Jules Verne, et les marins avaient souvent rêvé à la possibilité qu'une expédition en ballon vînt à leur aide ! Le rêve a été bien près de la réalité ; tout est imprévu dans la vie, mais tout arrive. Si le ballon polaire avait pu partir il y a quelques jours, il aurait sûrement aperçu le *Fram* sur sa route ; mais l'homme propose et Dieu dispose !

C'est avec tristesse qu'il faut songer à ramener le matériel aérostatique en Suède et attendre !...

Déception pour l'expédition ANDREE'S POLAR... joie et triomphe pour l'expédition Nansen, si son chef revient bientôt.

M. Andrée attache à la boutonnière du capitaine une rose *la France* très parfumée, fleur rare au Spitzberg, et lui offre une boîte d'excellents cigares, cadeau très apprécié par nos aimables hôtes ; puis l'embarcation ramène les marins à leur navire, après les hourras de l'équipage du *Virgo*.

Par une neige fine et froide, à cinq heures du soir, nous rendons notre visite au *Fram*, dont nous prenons des photographies.

En approchant du navire, une vingtaine de chiens de la Sibérie, rangés à l'avant, nous accueillent par une bordée d'aboiements ; mais ils reconnaissent en nous des amis, et leurs cris sont plutôt des cris de joie que des marques d'hostilité. Ils sont tout heureux de nos caresses.

Le capitaine Sverdrup nous fait les honneurs du navire, qui n'a pas les raffinements de l'élégance de l'*Erline Jarl*, mais qui inspire de la confiance par son apparence robuste. C'est le traditionnel bateau norvégien avec sa coque en bois, très renforcée, ses mâts et son bordage taillés à coups de serpe ; à l'avant, les embarcations retournées et posées sur des charpentes forment une espèce d'abri sous lequel sont suspendus une vingtaine de jambons d'ours en partie dépecés et desséchés ; des oiseaux comestibles fraîchement tués ; puis des barils, des objets de toutes sortes : treuil, ancres, cordages, etc. A l'arrière, le gouvernail, placé dans un puits carré pratiqué dans la coque du navire. A côté, un gouvernail de rechange, pièce de bois très massive ; la boussole, les instruments et agrès nécessaires.

Je fais une station dans le poste d'observation où le lieutenant nous fait part de ses travaux et nous montre des cartes du voyage ; puis nous descendons aux cabines en passant près de la cuisine qui exhale un fumet fort agréable.

Après une dizaine de marches dans un escalier très obscur, je me trouve dans un salon de forme hexagonale qui ne manque pas d'originalité. Une lampe à réflecteur fixée au pilier central répand une lumière vague à laquelle mes yeux ont de la peine à s'habituer.

Les boiseries, d'une ornementation primitive, sont peintes en blanc et rehaussées de couleurs tranchantes où le rouge et le vert dominent.

Le fond du salon est meublé d'un divan très confortable, faisant face à la table qui doit servir aux marins à prendre leurs repas. Les murs sont ornés de plusieurs tableaux, dont l'un représente une légende norvégienne : ce sont trois princes qui se sont métamorphosés en ours blancs pour séduire trois princesses affolées, dont la chevelure s'envole vers le ciel. Les ours, bons princes, leur lèchent les pieds. Un autre tableau représente un portrait au crayon de Mme Nansen et de son enfant.

Le salon est chauffé par un calorifère qui entretient une température constante de 15 à 16 degrés. Il reçoit l'air et la lumière par une lanterne vitrée qui traverse le pont d'arrière.

A gauche, un harmonium mécanique à clavier

sert à distraire l'équipage dans les jours sombres. Un de nos hôtes, le mécanicien, nous en moud plusieurs airs ; c'est, ma foi, très original, et, n'était le respect qu'on doit à Nansen, nous aurions invité la blonde Charlotte, la femme de chambre que vous connaissez, à danser, car les dames nous ont accompagnés.

Depuis plus de trois ans, les femmes n'avaient profané l'arche de Nansen ! Aussi, quel empressement !...

Les cabines des navigateurs rayonnent autour du salon, sur lequel elles prennent l'air, car elles n'ont pas d'ouvertures extérieures ; elles sont éclairées par des lampes murales... Celles du capitaine, du lieutenant et du docteur, avec les cartes, instruments, armes, objets multiples, sont très intéressantes : photographies et cent objets disparates forment un ensemble original. Dans toutes les cabines, le portrait de la bien-aimée !...

Le capitaine nous montre la carte du voyage du *Fram*, ainsi que le livre d'observations, puis nous fait voir une collection de photographies fort curieuses qui représentent la vie et les émouvantes péripéties de l'équipage depuis le départ, en 1893. Le navire au milieu des glaces, l'hivernage, le campement, les glaciers, les icebergs, les observations, le mirage, les aurores boréales, le *Fram* enseveli sous la glace qui a failli l'engloutir, l'équipage travaillant quinze jours avec le pic à glace pour le déblayer, les traîneaux, les chiens, le moulin au mât de misaine destiné à actionner la dynamo électrique, le clair de lune, le départ de Nansen, etc., sont autant de tableaux qu'on ne peut regarder sans un serrement de cœur et qui laissent bien loin tout ce qu'a écrit ou dépeint Jules Verne, dans le *Capitaine Hatteras* !

Nous quittons le *Fram* à neuf heures du soir, après de chaleureux adieux...

Dans la nuit, l'expédition Nansen reprend paisiblement la route du sud. Il y a encore à bord des vivres et du charbon pour trois années.

Dimanche 16 *août*. — La neige a cessé de tomber, et le soleil, qui ne perd pas ses droits, vient pour un instant nous rendre encore une lueur d'espoir ; le vent, bien que faible, hésite et semble infléchir vers le nord. — Encore une déception...

Enfin, le lundi 17 août, après vingt et un

jours d'attente dans une anxiété fiévreuse, M. Andrée se résigne à ouvrir les soupapes du ballon qui est absolument plein, et c'est avec un regret bien compréhensible que je vois s'échapper

LE BALLON DANS LE HANGAR PENDANT LE DÉGONFLEMENT.

les 5000 mètres de gaz qui ont coûté tant de peine à produire !...

Le pliage et l'emballage ne sont pas choses faciles... Puis, la caisse du ballon ayant été détruite, il faut en improviser une autre, et ramener tout le matériel au *Virgo*. Les clôtures du hangar sont démontées, sauf celles du deuxième étage qui sont utiles à la solidité de l'édifice. L'appareil à gaz est couvert, et tous les organes délicats ou fragiles sont embarqués sur le navire.

Jeudi 20 *août*. — Le *Virgo* est chargé ; la matinée s'est passée à amarrer solidement tous les objets qui pourraient être secoués par le roulis. M. Andrée travaille jusqu'à la dernière minute dans le hangar ; il assujettit les planches, met des haubans aux charpentes, fait enlever la moitié du parquet afin que le vent puisse balayer la neige. Puis il laisse, dans un cadre fixé à un poteau, une pancarte indiquant la propriété et la destination du hangar, qu'il recommande aux soins des rares pêcheurs qui sont encore aux îles du Nord.

Enfin, après le déjeuner, à quatre heures, le *Virgo* lève l'ancre...

Nous prenons un dernier cliché et jetons un dernier regard sur l'île des Danois qui disparaît bientôt dans la brume. L'expédition est terminée...

XII

LA TEMPÊTE.

Le baromètre a subi une dépression rapide depuis la veille. A peine avons-nous doublé l'île d'Amsterdam en nous dirigeant au sud-ouest, que le navire commence à rouler, et, quelques instants plus tard, nous sommes assaillis par la tempête. Le ciel s'obscurcit; le *Virgo* fait des embardées terribles.

Je suis repris par l'affreux mal de mer et je rentre dans ma cabine. Toute la batterie de cuisine et la vaisselle dansent une sarabande à côté de moi. Le *Virgo*, délesté en partie, roule d'une façon épouvantable. Le capitaine fait mettre à l'avant un petit foc qui diminue le roulis.

Le vent fait rage dans la mâture, et les vagues furieuses balayent le pont. Bien peu de matelots échappent à la contagion, et, le soir, notre salle à manger est déserte.

Toutes les deux heures, le navire stoppe et le professeur Arrhénius recueille de l'eau de mer à des profondeurs différentes; quand la machine s'arrête, le roulis est pis encore... Nous sommes assaillis par une tourmente de neige, et l'obscurité devient complète...

Après vingt-quatre heures de marche dans la direction sud-ouest qui nous éloigne de Tromsö, le *Virgo* retourne au sud-est et la tempête diminue...

Nous apercevons des navires au loin, et la température s'élève à mesure que nous approchons de la Norvège.

C'est le 22 que nous passons près de Beren-Island qui nous est caché par les brouillards. Une quantité d'oiseaux entoure notre bateau qui a repris la marche accélérée...

XIII

MA DERNIÈRE SOIRÉE AU « VIRGO ».

La tempête s'est calmée ; j'ai recouvré l'appétit et la gaieté, et la nuit du 23 au 24 m'a été particulièrement agréable.

Depuis longtemps j'étais privé d'obscurité, et cette nuit ne manque pas de poésie.

Déjà quelques étoiles scintillent au zénith,

lorsque, vers dix heures, le soleil disparaît à l'horizon, laissant derrière lui un long crépuscule qui durera jusqu'à l'aurore. Le ciel se teinte de nuances pourpres formant un immense

LE HANGAR ET LA CAISSE DU BALLON.

arc de cercle qui va du couchant au levant.

Des nuages gris aux formes les plus bizarres parcourent l'espace et animent ce tableau difficile à dépeindre. La lune dans son plein, et qui est apparue au coucher du soleil, brille d'un vif éclat et projette sa lumière blanche sur les vagues aux reflets d'argent. Son disque est très grand, et les configurations du sol s'y dessinent avec une grande pureté.

Seul sur la passerelle, je me laisse aller à mes rêveries; la température s'est élevée sensiblement, et j'éprouve le plus grand bien-être à voguer ainsi dans la direction du pays. Mes compagnons ont de la peine à me tirer de ma contemplation pour descendre faire une partie de cartes dans la salle à manger, où la lampe est allumée pour la première fois depuis bien longtemps. La mer est unie comme un lac, et c'est plaisir de naviguer par ce calme, succédant aux tempêtes que nous venons d'essuyer.

24 *août.* — Voici l'aurore; la lune pâlit et l'astre du jour reprend possession de la scène. Les oiseaux continuent à nous accompagner et tournoient autour du *Virgo*, dont la fumée noire déroule son long panache en anneaux capricieux. Nous approchons des côtes de Norvège et nous rencontrons les premiers rochers. Voici des navires et des embarcations de toutes sortes qui nous croisent; on renaît à la vie, on sent

qu'on rentre en pays civilisé. Le déjeuner de neuf heures est très gai. Il fait chaud, et chacun se prépare pour faire son entrée à Tromsö.

Enfin, à onze heures, nous sommes en vue de la ville, et, à midi, le *Virgo* vient se ranger dans le port en face du *Fram* que nous avons rencontré, le 14 août, à Dansk-Gatt.

XIV

LE RETOUR.

Aussitôt, nous sommes entourés d'amis et nous apprenons avec plaisir que Nansen reçoit l'hospitalité sur un petit yacht tout blanc, l'*Olario*, qui est ancré près du *Fram* et qui l'a ramené de Hammerfest.

Je regrette vivement de ne lui pouvoir serrer la main ; mais je quitte mes compagnons après des adieux sincères et émouvants pour prendre passage sur le paquebot-poste *Haakon Jarl* qui va partir dans quelques instants. Le docteur Ekelund m'accompagne jusqu'à Trondhjem.

Un officier du bord me remet un paquet de journaux et de lettres de France; allons, je vais pouvoir prendre un avant-goût du plaisir de revoir les miens ; je les sens près de moi !

Le *Haakon Jarl* est un superbe steamer qui fait le service de la poste sur les côtes de la Norvège, où les chemins de fer sont inconnus.

La navigation à travers les fjords est pleine de charme et d'imprévu ; le paysage est des plus variés ; tantôt des rochers abrupts aux cimes recouvertes de neige comme les monts du Spitzberg ; tantôt de verts coteaux boisés, de grasses prairies où paissent de nombreux troupeaux, des champs cultivés paraissant très fertiles... Des hameaux sur le flanc des montagnes ; des villages, des chalets encadrés de sapins et de bouleaux rappellent les paysages suisses.

Le navire vogue à travers les îles et dessert toutes les stations du parcours. La sirène annonce son arrivée par son cri plaintif que répète l'écho des montagnes, et les petites embarcations entourent le bateau-poste qui prend et remet les dépêches, reçoit les voyageurs de toutes classes et leurs colis, puis reprend ensuite sa marche capricieuse.

Le pont d'avant est encombré d'une montagne de caisses, des tas de briques, de futailles, de ballots, d'écorce et d'objets de toutes sortes. A part quelques touristes attardés qui vont de Tromsö à Tronhiam, car la saison s'avance, les voyageurs sont constamment renouvelés d'une station à l'autre. Par endroits, les deux rives sont très proches, et il faut toute l'habileté du capitaine pour passer entre les balises et éviter les nombreux écueils dont la route est semée. L'hiver, le passage est éclairé par les Light-House, mais en ce moment la nuit est courte et peu obscure. Nous croisons beaucoup de bateaux en traversant les îles Loffoden.

Les repas sont servis dans un salon somptueux, et le traditionnel concert d'amateurs succède au dîner. Puis la soirée s'achève en fumant des cigares sur le pont, où la nature fait les frais du spectacle. La scène est aussi variée qu'imprévue.

C'est d'abord le soleil, dont le disque immense, d'un rouge écarlate, s'enfonce lentement dans l'onde, laissant derrière lui l'horizon en feu. Tout le ciel est coloré de nuances passant par la gamme du violet au gris clair. Les nuages prennent des formes fantastiques, se choquent, se transforment et disparaissent ; puis la lune pâle apparaît et resplendit sur les flots argentés.

Je reste pendant des heures entières en extase devant ces tableaux changeants, si peu connus des Parisiens. Quelques étoiles brillent au firmament. L'air est pur, la nuit est calme et l'atmosphère est tempérée. On respire à pleins poumons ; on est heureux de vivre. A peine l'onde frissonne-t-elle sous la légère brise qui nous apporte la senteur des forêts de sapins. Le sillage du navire laisse derrière nous une longue traînée lumineuse. Chaque tour d'hélice me rapproche de ma patrie : c'est là surtout l'objet principal de ma pensée...

Le *Haakon Jarl* relâche quelques heures à Bodo, petite ville scandinave qui se pique déjà de civilisation. Le docteur Ekelund et moi nous mettons pied à terre ; nous sommes heureux de trouver des journaux parlant de la rencontre d'Andrée et de Nansen à Tromsö, puis la carte du voyage polaire du célèbre explorateur norvégien ; ensuite nous assistons à un concert en plein air donné par une famille d'artistes allemands.

A notre passage à Torghatten, une petite troupe de l'Armée du Salut est montée à bord et nous a beaucoup divertis par ses auditions musicales et ses pieux, quoique assez extravagants, exercices.

La générale, une respectable duègne à la tête cachée au fond d'un immense cabriolet qui ne serait pas déplacé au musée Tussaud, est gravement étendue dans un rocking-chair, et préside au concert spirituel donné par les membres de la congrégation. Les pieux musiciens, adossés à un tas de morues sèches, chantent sur des airs plus ou moins larmoyants les louanges du Seigneur, qui doit connaître certainement toutes les langues ; pour ma part, je n'ai pas compris un seul mot de ces chants, mais j'ai pu juger, par la physionomie des assistants, que la musique qui adoucit les mœurs ne les avait pas convaincus ; c'est tout juste si on n'a pas jeté des sous aux salutistes. Nous attendions que l'un d'eux fît le tour de l'aimable société avec son chapeau, pour les besoins du culte ou tous autres besoins plus prosaïques.

Une jeune fille très jolie de seize à dix-sept ans, coiffée à la Miss Helyett (la nièce de la générale sans doute), suit sur un livre, mais avec une ferveur distraite, les cantiques de l'Armée du Salut. Que mes lecteurs me pardonnent cette réflexion, mais il me semblait que cette jeune personne si candide était plutôt née pour l'armée du sabbat.

En somme, les distractions à bord sont peu nombreuses, et celle-là a été pour moi le clou de la traversée de Tromsö à Trondhjem, où le gros de l'armée attendait les frères qui venaient du Nord gagner des âmes pour le paradis.

Jeudi 27 août. — Vers quatre heures du soir, la ville de Trondhjem apparaît au sud-est de notre route. C'est le port tant désiré, bien que je n'aie pas à me plaindre de cette dernière traversée pendant laquelle personne n'a eu à souffrir du roulis. La plus grande ville septentrionale de la Norvège, dont les maisons et les édifices sont construits entièrement en bois, a réellement un cachet d'originalité; et je regrette vivement de ne pouvoir y faire un plus long séjour, mais, quelques heures après, je quitte mon aimable cicerone, le docteur Ekelund, pour prendre le chemin de fer à voie unique et étroite, qui, en moins de dix-sept heures, par un train rapide, doit me faire franchir les 500 kilomètres qui me séparent de Christiania.

Le train a quelque peine à se mettre en route et ne peut gravir la première rampe qu'avec l'aide d'une locomotive attelée à l'arrière ; enfin il a pris sa marche normale, mais mon coupé est agité de trépidations horribles, tant la voie est mauvaise ; les ouvrages d'art en bois de sapins semblent d'une fragilité extrême, et les viaducs lancés sur les torrents et les lacs donnent le vertige.

Après deux mois de séjour au Spitzberg, où le règne végétal est représenté par la mousse et le lichen, il semble bon de revoir de la verdure, des arbres et des fleurs. Ici la nature s'étale dans toute sa splendeur, et je ne puis me lasser d'admirer les merveilleux sites, les chalets, les torrents et les cascades qui donnent à cette contrée de la Norvège un aspect si imposant.

Les paysans font la moisson, les bûcherons abattent des arbres qu'ils lancent du haut de la montagne dans le fleuve, qui les conduit à un port où ils seront recueillis pour être débités dans une scierie ou embarqués sur un navire de commerce; tout ici est vie et mouvement : quelle différence avec nos solitudes glacées du Spitzberg !

Hamar est le point terminus du chemin de fer à voie étroite. Ici nous montons dans les élégantes voitures qui font le trajet jusqu'à Elseneur; enfin, quelques heures plus tard, nous approchons de Christiania et nous descendons à toute vitesse une pente tellement rapide qu'on se demande avec terreur un instant où l'on irait si les freins venaient à refuser leur service.

En débarquant à Christiania, on se trouve au milieu de la civilisation. A la gare, je suis assailli par une armée de pisteurs, auxquels je n'échappe qu'en me réfugiant dans la voiture du Grand-Hôtel, où l'on parle français et où je retrouve un bien-être auquel je n'étais plus habitué ; c'est le luxe raffiné des capitales. J'assiste à un déjeuner-concert qui n'eût pas été déplacé sur nos grands boulevards. Je visite la ville, très curieuse, puis je fais des achats de fourrures et d'objets dont la Norvège a le monopole, bibelots divers, petits riens que l'on est bien aise plus tard de retrouver, car on les a apportés soi-même de leur pays d'origine, et dans leur muet langage, ils nous rappellent bien des souvenirs.

Je reste deux heures à Copenhague, et enfin,

le dimanche 30 août, je passe, dès l'aurore, à l'embouchure du canal de Kiel, à bord du bateau-

M. HENRI LACHAMBRE
INGÉNIEUR-AÉRONAUTE
Constructeur du ballon *le Pôle Nord*.

poste *le Skirner* sur lequel je fais ainsi ma dernière traversée.

Tous les passagers du navire sont sur le pont pour voir la flotte allemande qui est réunie à cet endroit. Une vingtaine de cuirassés, un grand nombre d'avisos et de torpilleurs alignés à l'entrée du canal, excitent un vif sentiment de curiosité; le spectacle est d'ailleurs tout nouveau pour moi comme pour bien des voyageurs, et il n'est pas de ceux que l'on peut contempler tous les jours.

Enfin je touche Hambourg et je rejoins Paris, en passant par Cologne et Liége.

Le ballon polaire revient quelque temps après chez moi pour être conservé jusqu'à l'époque où M. Andrée devra reprendre son expédition.

D'après mes conseils, M. Andrée accepte que j'augmente dans la mesure du possible le volume de son aérostat en y ajoutant à l'équateur deux zones en soie de triple épaisseur qui portent le cube du ballon à 5000 mètres environ; il résulte de cette modification une augmentation de force ascensionnelle de près de 300 kilomètres, ce qui n'est pas à dédaigner.

L'enveloppe fut ensuite revernie à l'intérieur et à l'extérieur, puis, la réfection terminée, vers la fin d'avril 1897, l'aérostat fut réexpédié à Gothenbourg pour y être embarqué sur le *Svensksund*.

Les nouveaux compagnons de M. Andrée, M. Fraenkel, membre actif, et M. Svedenborg, suppléant, vinrent à Paris au printemps (1) pour y faire leur instruction aéronautique; ils opérèrent au parc aérostatique de Vaugirard une série de voyages aériens d'études, dans les ballons *le Nobel* et *le Fram*, sous la direction de MM. Machuron, Lair et moi.

Malgré mon désir de revoir les régions polaires, je cédai ma place à mon neveu et collaborateur qui, plus heureux que moi, a assisté au départ de l'aérostat.

En attendant le retour des courageux explorateurs, je termine le récit de ce voyage qui tiendra une grande place dans ma vie et me laissera d'ineffaçables souvenirs.

Paris, le 14 octobre 1897.

HENRI LACHAMBRE.

(1) Comme M. Strindberg, l'an dernier.

DEUXIÈME PARTIE

I

DÉPART DE LA SECONDE EXPÉDITION.

Le 18 mai, la ville de Gothenbourg se prépare à saluer le second départ de l'expédition polaire.

Sur les quais du port, les habitants venus en foule, témoignent à M. Andrée leur admiration pour son œuvre à jamais mémorable.

Les déboires qu'il a essuyés l'an dernier n'ont pas ébranlé sa foi ; il est toujours debout, toujours le même, avec son regard d'aigle et sa volonté de fer.

Malgré sa modestie, M. Andrée ne peut se dérober aux manifestations enthousiastes qu'on lui prodigue. Sa persévérance a désarmé les plus sceptiques. Il emporte avec ses compagnons les vœux de tous. On a fini par comprendre que ce novateur est un homme.

A six heures du soir, le *Svensksund*, qui n'a d'autre parure que son pavillon national, lève l'ancre au milieu des ovations bruyantes du public.

La plus grande partie des navires sont pavoisés et saluent le *Svensksund* à son passage.

Nous nous éloignons rapidement.

Comme l'an dernier, quantité d'embarcations chargées à couler encombrent le port. Quelques navires où s'entassent les parents et les amis des explorateurs nous accompagnent jusqu'à la haute mer où se font les derniers adieux. L'un d'eux nous accoste et prend des télégrammes que nous adressons à nos amis, à nos familles.

Bientôt les côtes de Suède, dorées par les feux d'un beau coucher de soleil, commencent à disparaître à l'horizon, et nous voguons maintenant en pleine mer et à toute vapeur.

Le *Svensksund* est une canonnière suédoise de 300 tonneaux, solidement construite, qui rend en hiver de grands services aux navires marchands, en frayant des passages à travers les glaces qui encombrent le port de Gothenbourg à l'époque des frimas.

Ce navire, conduit par des officiers d'élite, et qui convient au mieux pour voyager dans les régions arctiques, a été gracieusement mis à la disposition de l'expédition Andrée par S. M. le roi de Suède.

A son bord se trouvent tous les objets précieux, les instruments scientifiques et la partie aérostatique; le ballon est placé dans l'endroit le mieux aéré et peut supporter le voyage sans le moindre danger.

Si notre navire est d'une construction robuste, faite pour résister aux glaces, sa forme plate convient moins pour la haute mer et nous donne un continuel roulis. Déjà je sens les premiers symptômes du mal de mer, et je me retire dans ma cabine où je reste jusqu'au lendemain soir.

Le 20 mai, je m'éveille soulagé, encore quelques brouillards autour du cerveau, vite dissipés sur le pont par une fraîche brise et un soleil radieux. Nous sommes en vue des côtes de Norvège; bientôt nous entrons dans les fjords où le voyage devient plus agréable entre les hautes montagnes bordant les deux rives. Peu de végétation; d'ailleurs la neige recouvre encore toutes les parties élevées et les endroits que n'atteignent pas les rayons du soleil; le printemps commence seulement sous cette latitude.

Le long du rivage sont disséminées quelques habitations généralement basses, entourées de rares arbustes que verdissent à peine l'arrivée des premières feuilles.

A midi, nous arrivons à Bergen, port important de Norvège, bien situé, où la végétation est beaucoup plus avancée que dans les contrées que nous venons de traverser. Ici, les rives sont très verdoyantes et agréablement colorées; le fond est formé par des montagnes couvertes de neiges qui réfléchissent une lumière éblouissante.

Nous quittons Bergen à deux heures, après avoir pris un pilote pour guider notre marche à travers les fjords.

Le ciel est clair, la mer est belle et calme; d'ailleurs, ici, le vent n'a pas de prise et les tempêtes ne sont pas à redouter; partout des oiseaux, beaucoup de canards sauvages de différentes espèces et par instants nous apparaissent des dauphins se jouant dans les eaux.

Brusque changement de décor.

Nous entrons dans un brouillard léger d'abord, mais dont l'intensité augmente peu à peu ; il faut ralentir la marche, et à quatre heures nous sommes obligés d'arrêter, la route devenant périlleuse à travers les nombreux îlots et les récifs dont les fjords sont parsemés.

Le commandant abrite son navire dans une petite baie protégée par de hautes montagnes à pic, où l'ancre est jetée pour passer la nuit. (latitude 60°48', longitude Est de Greenwich 4°48'30").

Cet arrêt nous permet de nous réunir et nous assistons à un grand dîner de bienvenue offert par les officiers du bord, MM. le capitaine commandant C.-A. Ehrensvärd, les lieutenants G. Norselius et G. Celsing, et le docteur J.-Chr. Lembke, aux membres de l'expédition, MM. l'ingénieur S.-A. Andrée, chef de l'expédition, Nils Strindberg, de l'Université de Stockholm, et Knut Fraenkel, ingénieur civil, compagnons d'Andrée; le lieutenant Svedenborg, suppléant, et l'ingénieur Stake, qui aura charge du montage et de la direction de l'usine à gaz.

M. Fraenkel, au nom de sa mère, qui a eu cette délicate attention, remet à chacun des membres de l'expédition un bien précieux souvenir : c'est un rond de serviette en argent qui porte d'un côté, en suédois : *Souvenir de l'Expédition Polaire 1897*, et de l'autre côté, gravé dans un écusson, le nom du destinataire.

Le dîner, fort bien composé, fait honneur au lieutenant Celsing, l'économe du navire ; on y apprécie nos meilleurs vins de Bordeaux et de Champagne, dont une grande partie proviennent, comme l'an dernier, de cadeaux faits à l'expédition.

Le commandant Ehrensvärd, au nom de tous les officiers, prend la parole pour nous souhaiter la bienvenue, et des toasts chaleureux sont portés en l'honneur de M. Andrée et de ses compagnons, ainsi qu'au succès de leur entreprise.

On boit aux membres de l'expédition et en particulier aux fiancés ; ces derniers vœux nous concernent, M. Strindberg et moi.

M. Andrée donne lecture de plusieurs télégrammes reçus au moment du départ de Gothenbourg, et qui apportent les derniers vœux d'amis éloignés.

Le dîner se continue au milieu de la plus franche gaieté ; je suis très heureux de l'attitude excessivement cordiale de mes voisins, qui parlent souvent français, autant que leur connaissance de notre langue le leur permet, pour que je puisse partager leur conversation, et suivre, autant que possible, leurs discours.

Malgré le brouillard qui nous enveloppe, il fait encore jour à onze heures du soir. Après avoir pris sur le pont le traditionnel punch suédois, chacun va se reposer.

Le lendemain matin, 21 mai, le brouillard ne s'étant pas dissipé, le commandant ordonne de quitter les fjords et de continuer le voyage par la pleine mer.

Lentement nous sortons de notre retraite ; le dernier détroit est franchi, et nous filons bientôt au nord à toute vitesse, à quelques milles des côtes.

Le 22 mai nous reprenons la route des fjords, libre de brouillards. Nous passons en vue d'Aalesund, port de pêche important. Aux environs, sur les galets des rives, se voient de grandes surfaces carrées, d'aspect blanchâtre, paraissant être garnies d'éclats de bois méthodiquement disposés. Ce sont des morues salées qui sèchent en plein air. Ces poissons constituent une des plus grandes ressources des habitants de ces régions, qui les exportent par grandes quantités dans toute l'Europe.

Dans la soirée, nous voyageons de compagnie avec un bateau-poste norvégien qui a salué plusieurs fois le *Svensksund* ; les passagers ont poussé des hourras en l'honneur de M. Andrée, témoignant aussi de leur enthousiasme pour l'expédition.

Le lendemain, à une heure, nous passons à Brono, petit port norvégien (latitude 65°28') ; en cet endroit le passage est resserré, il ne reste qu'un étroit chenal entre les côtes, et il faut beaucoup de prudence pour ne pas heurter les roches que l'on voit au fond de l'eau ; heureusement nous n'avons rien à craindre avec nos officiers, dont l'habileté est consommée.

24 *mai*. — Temps superbe, ce matin ; mais dans cette contrée, il a dû tomber de la neige la veille, les rives en sont entièrement couvertes ; la végétation est plus tardive ici que dans les régions précédentes et les arbres plus clairsemés.

Nous franchissons le cercle polaire arctique ; ce passage est salué de quelques coupes de champagne.

Dans la soirée le ciel se couvre, une pluie fine et légère commence à tomber ; plus tard, à quelques heures de Tromsö, nous essuyons de fortes giboulées de neige, suivies d'éclaircies de soleil, qui me rappellent nos giboulées de mars en France. Mais c'est sous une neige aveuglante que nous entrons au port de Tromsö ; le *Svensksund* avance à tâtons ; il est impossible de voir la route. Enfin, à onze heures du soir, nous sommes ancrés et nous recevons la visite du capitaine du port qui nous apporte un volumineux paquet de lettres, télégrammes et journaux. Je reçois de France des nouvelles qui me font un sensible plaisir. C'est le dernier port auquel nous touchons ; nous allons ensuite directement au Spitzberg, où nous n'aurons plus de communications durant plusieurs semaines.

25 *mai*. — Les giboulées de neige continuent, les habitants de Tromsö prétendent que c'est d'un bon augure pour M. Andrée et qu'il réussira, car, lors du passage de Nansen, en 1893, dans la même ville, il tombait également beaucoup de neige, fait assez rare à cette époque avancée.

Nous parcourons la ville, et nous admirons quantité de petites villas encadrées dans des bouquets d'arbres qui rappellent un peu les coteaux de Meudon.

La ville est très animée et très commerçante. Par les rues circulent des dames et des jeunes filles mises avec une exquise élégance, des pêcheurs, des matelots, etc. Rencontré un cycliste. Où le vélo n'a-t-il pas pénétré ! J'étais étonné de voir des bicyclettes dans un pays qui n'a guère de routes praticables et bien peu de beaux jours.

En bas, sur la mer, des docks sur pilotis : un petit port où une cinquantaine de bateaux de pêche sont entassés. Plus loin, un paquebot-poste qui arrive de Trondhjem.

Nous visitons le Muséum, qui contient toutes les espèces d'animaux et d'oiseaux des régions polaires, les attelages de rennes, les huttes d'Esquimaux, les armes, les engins de pêche depuis les temps les plus reculés.

Toutes les maisons de Tromsö sont construites en bois, et on se demande avec effroi ce qui resterait de la ville si jamais un incendie éclatait. Chaque année, il arrive du Nord quelques tribus de Lapons qui échangent des produits avec les commerçants ; ils apportent surtout des peaux de rennes, de renards, de loups, d'ours blancs, et quantité d'objets en os et en bois de rennes, sur lesquels sont toujours gravées des silhouettes d'animaux polaires.

J'ai eu plus tard, le 2 juillet, à notre retour du Spitzberg, l'occasion de visiter, à quelques lieues de Tromsö, un campement de ces intéressants nomades.

L'excursion a été organisée et dirigée par notre ami le lieutenant Norselius ; les membres étaient : le docteur Lembke, le lieutenant Svedenborg, l'ingénieur Stake et moi. M. Aagaard, frère du consul de Tromsö nous fait l'amabilité de nous accompagner ; connaissant quelques mots de la langue laponne, il voulut bien nous servir d'interprète. Une partie de l'équipage partageait notre promenade.

Je ne m'étendrai pas ici sur les coutumes de ces peuplades qui ont été décrites dans plusieurs ouvrages. Ces Lapons sont très sympathiques au visiteur, très sociables et très doux.

En notre honneur, ils font réunir leurs rennes, un troupeau de 400 à 500 bêtes, qui paissent au loin dans la montagne ; un chef lapon, muni d'une petite longue-vue, s'en sert habilement pour suivre la marche de ce grand troupeau conduit seulement par deux enfants et quelques chiens.

On voit au loin, sur un versant, ces animaux réunis, semblables à une fourmilière en mouve-

CAMP DE LAPONS.

ment, s'avancer dans notre direction. Une colline nous les cache pendant une demi-heure, ils réapparaissent ensuite à quelques centaines de mètres de nous, au milieu d'arbustes clairsemés. Le troupeau s'approche ; les bois de rennes, dont les dimensions sont assez grandes, s'entre-croisent, s'agitent et se confondent avec les arbustes secoués par cette masse compacte et grouillante ; on croirait voir une forêt en marche.

Un emplacement parqué est réservé pour recevoir les animaux. Il s'agit de les faire entrer dans l'enceinte ; pour cette opération, un Lapon s'approche de la tête du troupeau et saisit un des membres à l'aide du lazzo dont il se sert aussi habilement que les chasseurs des Pampas, puis il l'entraîne en agitant une clochette.

L'effet est alors des plus curieux ; l'attention de tous ces animaux se porte sur le captif qu'ils suivent à distance, pas à pas, hésitants, et avançant comme sous l'influence d'une force fascinatrice. Toute la bande pénètre ainsi dans l'enceinte dont on ferme l'issue.

Le renne captif qui a conduit les autres est relâché, alors règne parmi ces animaux une grande animation ; une douzaine d'entre eux ont pris place sur un monticule au milieu du parc et restent là prisonniers des autres qui tournent en rond autour d'eux. Ce manège dure plus d'une demi-heure ; pendant ce temps, des Lapons armés de lazzos saisissent au passage quelques femelles pour les traire et tout le troupeau est remis en liberté ; les rennes s'éparpillent dans les taillis et gravissent rapidement la montagne pour disparaître bientôt à nos yeux.

Nous achetons quelques objets à ces indigènes qui sont très loyaux en affaires et très commerçants ; ils tirent profit de tout, ils nous deman

dent même une rétribution si l'on veut les photographier, et, en cas de refus, ils essaient de se soustraire à nos appareils photographiques ; l'instantané les contrarie beaucoup.

Après avoir quitté le camp des Lapons, à notre retour au bord de la mer, notre curiosité est attirée par une énorme baleine amenée au rivage pour y être dépecée. Ce mammifère, qui ne mesure pas moins de 70 pieds de longueur, a été tué quelques jours auparavant dans la mer du Nord.

II

ARRIVÉE AU SPITZBERG.

26 *mai*. — Nous attendons dans le port de Tromsö des nouvelles du *Virgo*, qui a quitté Gothenbourg deux jours après nous, le 20 mai.

Pendant la journée d'hier, le *Svensksund* a pris des vivres et du charbon. Sur le pont d'arrière, on a aménagé une grande cage en planches pour recevoir quelques moutons, on embarque aussi beaucoup de volailles; ces animaux fourniront de la viande fraîche pendant notre séjour au Spitzberg, pour varier avec les aliments conservés.

N'ayant encore aucune communication du *Virgo*, nous quittons Tromsö à trois heures du soir pour aller au-devant de lui, à un lieu de rendez-vous. Un temps superbe nous met le cœur en joie et la plupart des habitants de la ville, accourus le long des quais, saluent de leurs hourras le départ du *Svensksund*.

Le commandant fait hisser au sommet du mât d'avant un tonneau dans lequel se blottira le matelot de vigie chargé de signaler les passages à travers les glaces flottantes. Après cette opération, une distribution de vêtements chauds est faite à l'équipage; chacun reçoit de grandes bottes, un bonnet de fourrure, des gants, etc.; nos marins semblent tout joyeux de posséder ce nouvel équipement.

A cinq heures nous arrivons au lieu du rendez-vous; le *Virgo* n'y est pas, nous nous abritons dans une baie en l'attendant.

Le lendemain, 27 mai, éveillé à trois heures du matin, je vais à terre, en compagnie du lieutenant Svedenborg; nous nous livrons à une partie de chasse dans la montagne à travers des blocs de rochers et des ravins escarpés. Peu de végétation; quelques rares buissons d'arbustes épineux poussant misérablement; beaucoup de mousses et d'herbes dans les parties humides environnant des mares formées par la fonte des neiges. De nombreuses sources alimentent des ruisseaux qui, de cascade en cascade, portent leur eau à la mer. Nous rapportons différents oiseaux, mais nous perdons quelques eiders, les blessés poursuivis plongent pour ne plus reparaître; ils soustraient leurs corps à l'ennemi en périssant au fond de la mer après s'être fixés aux algues.

Le *Virgo* nous rejoint à deux heures du soir; son capitaine vient à notre bord prendre les ordres; à six heures, nous levons les ancres, et en route pour le Spitzberg.

M. Andrée espère que nous arriverons rapidement et sans encombre; le vent Nord-Nord-Est soufflant violemment depuis plusieurs jours a, selon lui, chassé les glaçons du côté du Groenland.

Pendant trois jours nous sommes tourmentés par un fort vent Nord qui souffle en tempête, la mer reste très houleuse, je suis malade, et je reste deux jours sans manger, cloué par l'implacable mal de mer. Cependant, je me lève dans la soirée du 30 mai; les secousses provoquées par le navire me sont à présent insensibles, j'en suis surpris d'abord, et heureux ensuite; il me semble sortir d'un mauvais rêve.

Notre bateau roule affreusement, avec de brusques mouvements dus à sa construction plate, mouvements d'autant plus rapides que les vagues sont très courtes dans les mers boréales; aussi je fais, malgré moi, une comparaison avec les mouvements doux et lents de nos transatlantiques, où l'on est si à l'aise.

Je suis tout étonné lorsque, montant sur le pont, je vois les montagnes qui bordent le Spitzberg et d'apprendre que trois heures seulement nous séparent de Danes-Gatt, passage entre l'île des Danois et l'île d'Amsterdam au nord-ouest du Spitzberg, par 79°43′ de latitude.

Le *Virgo* nous suit à quelque distance; il roule beaucoup aussi. Le vent est fort et froid; quelques petits glaçons flottent çà et là, mais ils sont rares; par une circonstance heureuse, l'océan Arctique est tout à fait libre; M. Andrée l'avait prédit, et il est content de voir qu'il ne perdra pas de temps cette année.

Néanmoins, ceux qui n'avaient jamais vu ces parages sont un peu déçus; ils s'attendaient à voyager parmi des icebergs, avec des difficultés extraordinaires, contrastant avec les voyages ordinaires; quelque chose enfin qui rappelle qu'on navigue dans l'océan Glacial.

Notre désir est bientôt exaucé, le vent du

Nord-Est régnant aujourd'hui a chassé les glaçons dans la pleine mer; toutefois, ceux qui environnent les côtes et qui se trouvaient abrités derrière les montagnes sont restés, et l'entrée de Danes-Gatt est entièrement encombrée.

Il faut ralentir la marche; c'est avec peine que les navires se frayent un passage, poussant devant eux les blocs de glace qui s'écartent, se choquent et se brisent avec fracas, effrayant de nombreux oiseaux polaires ou troublant la sieste de quelques phoques qui s'empressent de plonger et de disparaître derrière d'autres glaçons.

Je prends quelques photographies dont je doute du succès, car il neige abondamment. Heureusement nous sommes très près de Virgo-bay; et, après une heure d'une marche lente, sinueuse et pénible, autour de grosses masses de glace qui ne peuvent être chassées, nous apercevons Ballong-hus (la maison du ballon); elle est encore debout!... à droite, la maisonnette Pike disparaît à moitié derrière les neiges.

Chacun de nous se munit d'une longue-vue ou d'une jumelle; le hangar occupe surtout notre attention; il a subi des avaries, on remarque une déformation, mais, de la distance où nous sommes, il est impossible de se rendre compte de l'importance des dégâts.

Nous nous rapprochons lentement de la côte, on sonde à chaque minute, et enfin, à six heures du soir, le commandant ordonne de stopper. Les ancres sont filées et nous resterons probablement longtemps à cette place; quelque cent mètre seulement nous séparent du rivage.

Le *Virgo*, qui aurait dû nous suivre de près, pour bénéficier du passage qu'ouvrait le *Svensksund*, est resté assez loin derrière nous; il paraît embarrassé dans les glaces et avance très péniblement. Il se traîne une heure encore avant de jeter l'ancre. Moins heureux que nous, son hélice, qui n'offrait ni la souplesse ni la résistance de la nôtre, a été fortement endommagée contre des glaçons.

Les émotions diverses de ce voyage mouvementé et l'air vif du Spitzberg ont ouvert l'appétit de tous. Le lieutenant Celsing nous a fait préparer un grand dîner arrosé de vins fins et de champagne, pour fêter notre arrivée à l'île des Danois; j'avoue que pour ma part j'y fais honneur, après avoir été tant éprouvé par la mer.

Après dîner, nous allons à terre. Notre canot trouve un passage entre les glaçons après bien des tâtonnements et des circonvolutions ; nous touchons au rivage, bordé de glace que recouvre une épaisse couche de neige où l'on enfonce jusqu'à mi-jambes.

Après un rapide coup d'œil à la maison Pike, où tout est trouvé en bon état, nous nous dirigeons vers Ballong-hus qui nous intéresse davantage.

Le pauvre hangar, dont la base disparaît en partie sous la neige, a beaucoup souffert ; il a subi un mouvement de torsion et semble pencher du côté Est. L'an dernier, les panneaux du deuxième étage avaient été laissés pour le consolider ; plusieurs de ces panneaux ont été brisés ou arrachés par les vents ; quelques-uns ont été transportés assez loin ; on en voit çà et là apparaissant par un de leurs coins qui émerge au-dessus de la neige.

Du côté ouest, nous découvrons la rupture d'une poutre à la base d'assemblage. C'est cet accident qui a entraîné la déformation des fermes et occasionné la majeure partie du mal.

Toutefois ces dégâts sont réparables et

M. Andrée, après un premier examen, témoigne une vive satisfaction à l'égard de M. Svedberg, le constructeur de ce fragile édifice non destiné à un hivernage, et qui a dû résister à de cruelles intempéries. Il est vrai que l'année dernière, avant de quitter le Spitzberg, M. Andrée avait consolidé le hangar autant que le lui avaient permis ses ressources et les matériaux dont il pouvait disposer, ainsi qu'on a pu le voir dans le précédent récit.

III

LES TRAVAUX A L'ILE DES DANOIS.

31 *mai.* — Le lendemain de notre arrivée, chacun se met à l'œuvre.

Les premiers soins sont apportés à la charpente : à l'aide de palans et de crics, on parvient à ramener en partie les pièces de bois aux positions qu'elles doivent normalement occuper; puis elles sont fixées par des haubans en acier.

Une équipe de marins déblaie la neige dont l'épaisseur, dans le hangar, atteint parfois plus de 2 mètres; ce qui rend le travail long et pénible, c'est une épaisse couche de glace formée sous la neige, qu'il faut briser au pic à glace; des traîneaux transportent au loin ces déblais.

Il y a beaucoup à faire, mais nos ouvriers sont adroits et conduits par des maîtres expérimentés; M. Andrée ne quitte pas les chantiers de la journée, surveillant minutieusement chaque chose; le soir, il est heureux de nous annoncer que le mal sera plus facile à réparer qu'il ne l'avait pensé de prime abord, et que dans deux semaines, Ballong-hus pourra recevoir le ballon.

1er *juin.* — Les travaux reprennent et se poursuivent avec activité.

Pendant que les charpentiers s'occupent de la réfection du hangar, des équipes de marins procèdent au déchargement des matériaux contenus dans chaque navire. Cette dernière opération est fort contrariée par les glaces flottantes qui, sous l'action du vent, sans cesse changent de place, et menacent parfois d'écraser nos petits canots qu'il faut hisser sur les ponts lorsqu'on ne s'en sert pas. Cependant aujourd'hui le vent, qui était du Nord-Est, tourne à l'Est; il chasse les glaces d'un autre côté et semble vouloir nous en débarrasser. Par instants, il nous arrive de légères rafales de neige qui, toutefois, n'interrompent pas les travaux.

La température varie de — 1 degré à + 2 de-

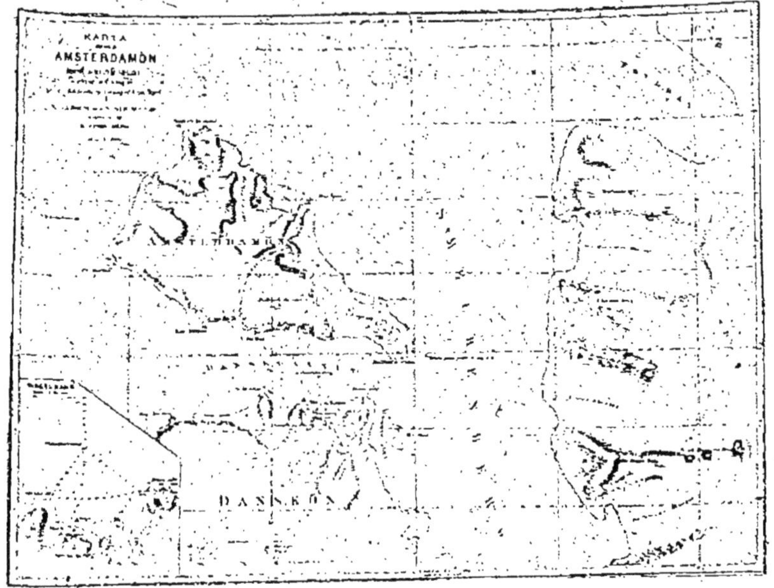

CARTE DES PARAGES DE L'ILE DES DANOIS
relevée par M. Strindberg en 1896
où se sont faits les préparatifs de l'expédition Andrée.

grés ; l'eau de la mer donne — 2 degrés ; la bise seule vous cingle la figure.

Ne pouvant me rendre utile aux travaux actuels, j'occupe mes loisirs comme je peux. La curieuse maison Pike, dont on a vu précédemment la description, occupe mon attention. Je lis sur ses murs les noms qu'y ont écrits ses visiteurs; j'y retrouve avec plaisir la signature de mon oncle et je cède au désir d'y ajouter la mienne.

Je passe la matinée à transformer l'une des salles en un laboratoire photographique.

Les pigeons voyageurs de l'expédition ont été placés au grenier dans une salle qu'ils ont occupée déjà l'année dernière.

Derrière la maison Pike, enfouis sous la neige, sont les restes de l'appareil à gaz. Après déblai, on remarque que les pièces n'ont pas trop souffert, et qu'elles peuvent être utilisées avec celles que nous rapportons.

Le soir de cette journée, en compagnie de MM. Strindberg, Fraenkel et Svedenborg, nous partons en excursion sur la neige et la glace, le long de la côte Est. Nous allons jusqu'à la petite île Albert encore reliée à l'île des Danois par la glace. M. Strindberg, très adroit tireur, parvient à tuer un phoque dont nous ne pouvons nous emparer faute de canot; il retourne au *Svensksund* pour en ramener une barque; mais la distance est longue et le phoque mort ne tarde pas à couler.

Retournant à bord, nous apercevons un beau renard d'un blanc argenté, qui flaire sur nos traces précédentes. Il est hors de l'atteinte de nos balles, et dès qu'il nous voit, il s'enfuit rapidement, très effrayé de ces visiteurs inat-

DÉPART EN EXCURSION A LA CHASSE.

tendus; il s'arrête de temps en temps pour se retourner et s'assurer qu'il n'a pas été le jouet d'une illusion, puis il reprend sa course plus rapide encore, et se sauve dans la montagne.

De retour à Virgo-bay, il nous est difficile d'atteindre le *Svensksund*; le vent, revenu au nord depuis peu de temps, a déjà ramené beaucoup de glaces ; il ne reste plus de passages assez larges pour faire circuler un canot ; nous nous embarquons sur l'un des glaçons et, sautant de l'un à l'autre, nous pouvons regagner notre navire.

2 *juin.* — Le vent a de nouveau changé de direction, il est passé du nord à l'est. La baie s'est débarrassée d'une grande partie des glaces qui la couvraient encore il y a quelques heures.

Une petite chaloupe à vapeur amenée par le *Svensksund* peut alors rendre d'utiles services. Le déchargement des matériaux s'opère plus rapidement ; on active celui du *Virgo*, qui nous quittera aussitôt après, emportant des nouvelles à nos amis.

M. Strindberg travaille à des essais photographiques sur les neiges et les glaces ; je passe avec lui une partie de la journée à développer des clichés.

3 *juin.* — Le ciel était très clair à deux heures du matin, il n'y avait pas un nuage à l'horizon, et rien ne faisait prévoir que, quelques heures plus tard, un fort vent Nord nous apporterait de violentes bourrasques de neige et nous ramène-

rait en même temps les glaces qui nous avaient quitté. Ce mauvais temps gêne un peu les travaux pendant la matinée.

Après déjeuner, petite distraction à bord aux dépens d'un phoque qui se laisse bercer par un

SUR LES GLACES.

glaçon. Il est à plus de 200 mètres du navire, heureusement pour lui, car dix fusils ou carabines s'alignent sur le pont et, au commandement du capitaine, dix balles saluent ce nouveau venu qui disparaît aussitôt, emportant sans doute une pénible opinion de l'espèce humaine.

Ce soir, viennent dîner à notre bord le capitaine

et le premier lieutenant du *Virgo*. A ce repas, il est consommé du pain, dénommé *pain français*, qu'un boulanger de Stockholm, M. Schumacher, a fourni à l'expédition qui en emportera une forte provision. Ce pain, hermétiquement enfermé dans de légères boîtes en cuivre étamé, s'est parfaitement conservé, depuis un mois déjà qu'il a été fabriqué.

4 *juin*. — Nous avons eu pendant la nuit un violent vent du Nord-Est qui a serré fortement les glaçons dans notre baie, ce qui empêche complètement le débarquement des gros colis. A l'aide de madriers, on fait un chemin sur les glaces, et toutes les caisses légères sont transportées à dos d'homme.

Ce vent violent nous a cependant rendu un réel service, et a contribué pour une bonne part à la réfection du hangar : il a ramené tout à fait à leurs places les fermes de la charpente; on s'empresse de les fixer définitivement par des haubans, en même temps que l'on pose les panneaux qui augmenteront la solidité de la construction.

5 *juin*. — Très beau temps aujourd'hui; le thermomètre indique 3 degrés au-dessus de zéro,

M. Strindberg fait l'ascension d'un mont voisin situé à l'ouest de l'endroit occupé par notre navire. Au sommet, à 200 mètres d'altitude, il fixe un mât surmonté d'un appareil d'observation pour la direction des vents. Cet ingénieux instrument se compose d'une girouette entraî-

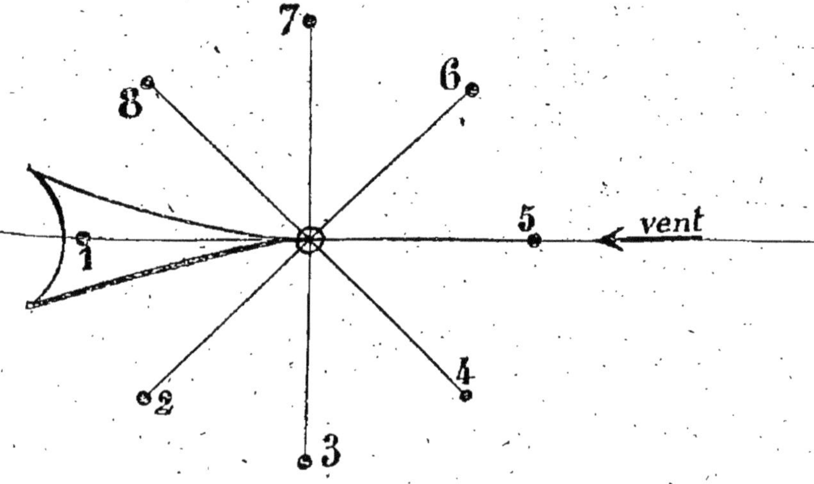

LE MÉRIDIEN.

nant dans ses mouvements un disque horizontal partagé en huit secteurs égaux. Sur la circonférence extérieure, aux points de division sont fixés verticalement des chiffres de 1 à 8, découpés dans des lames de cuivre. Le diamètre 1-5 se trouve dans le plan vertical de la girouette, le numéro 5 fait toujours face au vent.

Il est facile à l'aide d'une boussole d'en déterminer la direction, d'un point quelconque d'où on puisse lire les chiffres du disque. Il suffit d'observer l'angle que fait avec le méridien magnétique le rayon visuel allant au numéro qui vous fait face et d'en déduire par un calcul fort simple l'angle de la ligne 1-5, c'est-à-dire l'angle de la direction du vent avec le nord. Par exemple, nous sommes à l'est du poste d'observation, le numéro 3 nous fait face, le numéro 5 faisant toujours face au vent sera du côté nord, côté d'où viendra le vent.

Journellement, à tour de rôle, les explorateurs font, toutes les quatre heures, des observations météorologiques. Tous les instruments sont consultés et les résultats scrupuleusement enregistrés. M. Strindberg a installé une tente sur la côte où il passe plusieurs heures par jour à faire des observations magnétiques.

Les travaux sont suspendus pendant les journées des 6 et 7 juin, qui sont consacrées aux fêtes de la Pentecôte.

Pour occuper ses loisirs, chacun cherche une distraction; quelques marins en ont trouvé une, peu banale. Il font l'ascension d'une montagne de neige située derrière Ballong-hus; arrivés au sommet, il se laissent glisser de 200 mètres de hauteur, dévalant sur leur traîneau naturel, en établissant entre eux un record de vitesse.

LE « SVENSKSUND » ET LE « VIRGO » DANS LES GLACES, A DANSK-GATT.

Ce petit jeu n'est pas sans avoir son côté comique : souvent un des hommes perd sa position pour rouler jusqu'en bas sur tous les sens ; heureusement, dans la neige il n'y a aucun danger.

Le 8 juin, toute la petite colonie se remet à la tâche ; il fait beau temps, avec un vent nord persistant qui accumule les glaçons autour des navires. Cependant la plus grande partie des colis légers a pu être débarquée, mais il reste les grosses pièces qui ne peuvent être démontées.

Le 9 juin on décharge un des générateurs à gaz, une grande cuve en bois intérieurement doublée de plomb, qu'il faut manier avec précaution, car son propre poids la rend fragile. Après l'avoir descendue dans un canot, c'est avec peine que l'on parvient à écarter les glaçons pour lui frayer un passage jusqu'à terre.

Le lendemain, d'autres parties de l'appareil à gaz, non moins volumineuses, sont retirées du *Virgo* ; les difficultés de la veille recommencent plus grandes encore. Armés de pics à glace, des marins essayent d'en briser quelques parcelles ; d'autres, munis de scies spécialement construites pour cet usage, s'attaquent à d'énormes blocs. Bien lentement le canot peut avancer, mais ce surcroît de travail dépense un temps précieux.

Enfin, le soir de cette journée toutes les pièces de l'usine à gaz sont à terre. L'ingénieur Stake, aidé des mécaniciens, procède au montage de l'appareil. Avant cette opération, il a fallu enlever une énorme quantité de neige qui occupait l'emplacement, et qui, écartée autour, forme maintenant un véritable mur d'enceinte, une fortification passagère.

11 *juin*. — MM. Strindberg et Fraenkel

L'ILE DES DANOIS VUE AU SOLEIL DE MINUIT.

s'occupent des pigeons voyageurs ; à l'aide de timbres de caoutchouc, on pose plusieurs fois, à chaque pigeon, sur les plumes des ailes et de la queue, les marques suivantes :

ANDRÉE	Aftonbladet STOCKHOLM

Les pigeons portent en plus un numéro d'ordre ; ils sont destinés au journal l'*Aftonbladet*, et appartiennent à un colombier situé à Maréchamm que dirige M. Uno Godenhejlm, ancien maître de postes.

Je me livre aujourd'hui à l'étude d'un sport tout à fait scandinave : le « ski » (patin de neige) ; M. Strindberg me donne complaisamment des leçons théoriques et pratiques. Après bien des culbutes sur les pentes neigeuses, mon instruction est à peu près suffisante ; il ne reste plus qu'à pratiquer. Cet agréable moyen de locomotion est très utile pour faire de longs parcours sur les neiges.

J'emploie une partie de la journée à la confection d'un piège à renards, composé d'une simple caisse fermée d'un côté par un grillage métallique et de l'autre par une porte à coulisse. Cette dernière se fermera automatiquement quand l'animal viendra toucher à un oiseau servant d'appât, fixé au fond de la cage. Le soir, je fais l'essai des traîneaux qu'emportera le ballon, je m'attèle à l'un d'eux et je conduis mon piège à une demi-lieue dans la montagne où je l'installe de façon à pouvoir l'observer du

Svensksund et à reconnaître à l'aide d'une longue-vue quand la porte de la cage sera refermée.

Le résultat ne se fait pas attendre, le lendemain le piège est fermé. Je fais l'ascension de la montagne; d'assez loin j'aperçois à travers le grillage du piège une petite tête futée et deux yeux brillants qui observent attentivement mes moindres mouvements.

Le prisonnier est un jeune renard; on en trouve plusieurs espèces au Spitzberg: nous en avons vu trois sortes déjà: l'une d'un beau noir brillant, l'autre blanc argenté, et une troisième tachetée jaune et brun; c'est à cette dernière catégorie qu'appartient le petit captif. Se voyant découvert, mon renard s'élance contre le grillage, grondant à mon approche en montrant de belles petites dents très effilées. C'est avec beaucoup de précautions que je réussis, entre les joints des planches de la cage, à le museler et lui lier les pattes à l'aide de cordelettes. Ainsi réduit à l'impossibilité de nuire, je l'entraîne sur la neige jusqu'à la maison Pike, où mon arrivée avec ma bête au bout d'une longue corde excite la curiosité et provoque l'hilarité générale.

J'espérais ramener en France ce jeune animal, que l'on enferma dans une cage, où il recevait la visite de trop de curieux ; l'un de ces derniers n'ayant pas refermé la porte avec assez de soin, le renard spitzbergien, qui ne le cède en rien comme ruse à celui de nos régions, réussit à l'ouvrir et recouvra sa liberté ; on le vit même s'arrêter ironiquement quelques instants devant Ballong-hus, où semblèrent l'intéresser les modifications que l'on y avait apportées !

IV

DÉBARQUEMENT ET PRÉPARATIFS DE L'AÉROSTAT. LE GONFLEMENT.

12 *juin.* — Deux semaines se sont écoulées depuis notre arrivée à l'île des Danois ; les travaux du hangar ont été menés rapidement, et, ainsi que l'avait annoncé M. Andrée, Ballong-hus est prêt à recevoir l'aérostat. Une grande toile de tente, constituée de huit secteurs égaux, est fixée sur toute sa circonférence à mi-hauteur du hangar ; elle est soulevée en son milieu à l'aide de palans qui viennent se rattacher au

sommet de l'édifice. On a ainsi un confortable abri contre la neige ou la pluie, pour préparer le ballon.

Le déchargement du *Virgo* est terminé, le navire attend pour appareiller que les glaces

BATEAUX DANS LES GLACES.

veuillent bien s'écarter. Nous allons prendre à son bord le café et un punch d'adieu.

13 *juin.* — Aujourd'hui dimanche, nous nous proposions de faire une excursion avec la chaloupe à vapeur, mais il est impossible de sortir de notre prison ; le vent du nord qui règne en souverain et qui a soufflé avec plus de violence

pendant ces derniers jours, nous a amené d'énormes blocs de glace, détachés de la banquise et des glaciers. Avec M. Strindberg, nous prenons plusieurs photographies de ces glaces flottantes, ce qui occupe toute notre journée.

Le *Virgo* reste captif.

14 *juin*. — Cependant on ne peut attendre davantage et perdre le bénéfice de notre avance ; il faut aujourd'hui débarquer la caisse contenant le ballon.

Ce volumineux colis, qui ne pèse pas moins de 2 000 kilos, est assez facilement descendu du navire sur une barque ; la grande difficulté est de le conduire à terre, bien que la distance à franchir dépasse à peine une centaine de mètres.

Il ne reste que d'insuffisants passages entre les glaçons, et parfois même ils sont complètement obstrués.

Le lieutenant Norselius, à la tête d'une équipe d'élite, dirige les travaux : les pics et les scies font leur œuvre, élargissant les voies trop étroites dans lesquelles est ensuite poussé le canot, qui retrouve un espace libre, avant de se buter à un nouvel obstacle. C'est maintenant une véritable muraille qu'il s'agit de franchir ; pics à glace et scies sont impuissants à frayer une issue: le lieutenant Norselius a une ingénieuse idée qu'il met aussitôt à exécution : à l'aide d'une cartouche de dynamite adroitement placée, il réussit à briser en morceaux cette partie de banquise ; il est

LA CAISSE DU BALLON DANS LES GLACES.

alors facile d'écarter les glaçons et le canot avance lentement,... mais les blocs voisins, maintenus par la masse précédente, se resserrent et la barque se trouve bientôt prise entre eux, puis soulevée; la caisse penche d'un côté et menace de chavirer; des marins se suspendent de l'autre côté, cherchant à rétablir l'équilibre, tandis que d'autres tirent ou poussent le canot qui reste bloqué. On attache la caisse avec des câbles qui vont se relier, d'une part au navire, et de l'autre à la rive, puis, à un troisième cordage s'attelle tout l'équipage qui réunit ses efforts pour

démarrer le canot. A la fin ce dernier s'ébranle ; un instant d'émotion nous étreint ; il glisse d'un seul coup sur la glace dans un espace libre, manquant encore de chavirer avec son fardeau. Heureusement, des marins ont eu le temps de se suspendre à l'extrémité d'une longue perche placée en travers au-dessus de la caisse, et, les câbles aidant, l'équilibre a pu être conservé.

Nos craintes s'évanouissent; maintenant les obstacles sérieux sont franchis, et le reste de l'opération devient plus facile. Encore quelques heures de travail et de patience et le ballon est enfin débarqué à terre après une journée entière de travail.

Chacun est satisfait de le voir en sécurité après les dangers qu'il vient de courir. M. Andrée remercie chaleureusement le lieutenant Norselius pour le zèle et l'habileté qu'il a déployés dans cette difficile opération.

15 *juin*. — La caisse du ballon, restée la veille sur le rivage, va être amenée au hangar surélevé de plusieurs mètres. Une première partie de la distance est facilement franchie sur la neige où reposent des madriers suiffés sur lesquels est traînée la caisse; le chemin qui reste à parcourir est rendu difficile par les grosses pierres qui l'encombrent. Mais les difficultés ne sont rien comparées à celles de la veille, et la caisse est bientôt amenée au pied du hangar, puis hissée sur le plancher.

Quelques heures après, le ballon est allongé et déplié; il est en parfait état; les orifices sont fermés avec des disques de bois ou de fausses

13

soupapes, puis on le gonfle d'air en partie, à l'aide d'un ventilateur fort simple imaginé par M. Andrée : seulement cette opération demande beaucoup de temps, en raison du faible débit du ventilateur.

16 *juin*. — Avec une dizaine de marins, je passe la journée à l'intérieur du ballon, où nous revernissons les coutures.

Le *Virgo*, qui, depuis quatre jours, attend dans sa prison de glace, peut enfin partir aujourd'hui ; c'est aussi son dernier délai, car il doit être rendu à Tromsö avant le 20 juin, sans quoi M. Andrée lui serait redevable d'une forte indemnité par jour de retard.

Le revernissage des coutures demande deux jours ; le 18 juin, l'aérostat est vidé de l'air qu'il contient afin d'être préparé pour le gonflement au gaz ; il est recouvert de son filet ; les soupapes sont posées ; les tuyaux de gonflement viennent sous le plancher du hangar se raccorder à la manche d'appendice par une ouverture pratiquée au centre du parquet, et le lendemain, 19 juin, à sept heures du matin, commence le gonflement.

L'ingénieur Stake surveille la fabrication de

VUE DE L'APPAREIL PRODUCTEUR D'HYDROGÈNE POUR LE GONFLEMENT DU BALLON.

l'hydrogène qui est obtenu par l'action de l'acide sulfurique étendu d'eau sur le fer. L'acide à 60° est amené dans des tonnes de fer contenant net 100 kilogrammes; nous en avons 80 000 kilogrammes, il n'en faut que 30000 environ pour gonfler le ballon.

L'appareil à gaz a été construit à Stockholm, d'après les modèles connus. Au moyen d'une pompe à main, on élève l'acide dans une cuve à mélange C, contenant 1600 litres, pendant qu'en même temps arrive de l'eau qui abaisse la solution à 16° environ.

Le mélange acidulé passe dans deux générateurs G garnis de plomb et qui contiennent le fer que l'on introduit au fur et à mesure par une trémie située à mi-hauteur et fermée par un joint hydraulique ; on pousse la tournure de fer placée dans la partie extérieure de cette trémie; la tournure qui se trouve dans la partie intérieure est refoulée dans le générateur. Un couvercle avec joint hydraulique ferme chaque générateur; un robinet d'autoclave permet de purger l'appareil des boues qui se déposent au fond.

L'hydrogène produit par cette réaction se rend à un laveur L, rempli de coke que retient une grille conique; c'est par-dessous cette grille que le gaz pénètre au laveur et traverse la colonne de coke où circule de l'eau distribuée en pluie par une pomme d'arrosoir fixée à la partie supérieure, le trop-plein s'échappe par un tube en U au fond de l'appareil. Une pompe à vapeur alimente le laveur et la cuve à mélange d'eau de

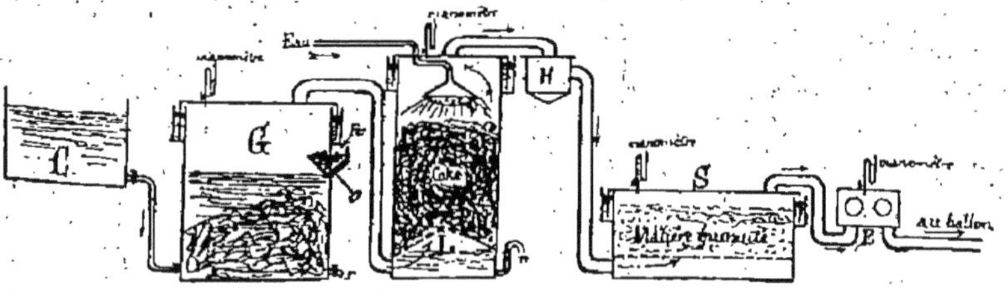

SCHÉMA THÉORIQUE DU FONCTIONNEMENT DE L'APPAREIL PRODUCTEUR D'HYDROGÈNE.

mer qui est employée sans inconvénient pour cette fabrication.

Au sortir du laveur, l'hydrogène traverse une chambre H d'où partent deux tubulures le conduisant aux sécheurs S; ces derniers sont constitués par des caisses rectangulaires contenant des matières épurantes et de la chaux vive, placées sur une grille à quelque distance du fond.

Avant d'être conduit au ballon, le gaz ainsi préparé passe encore par deux chambres d'épreuve E où sont installés dans chacune d'elles un thermomètre, un hygromètre et du papier de tournesol; des regards vitrés ménagés dans les parois permettent de faire les observations.

Des manomètres placés en divers endroits indiquent la pression du courant gazeux.

Ce volumineux appareil pourrait fournir 150 à 200 mètres cubes de gaz à l'heure, mais M. Andrée ne veut lui faire donner que 60 mètres cubes au plus, de façon à obtenir un gaz ayant tout le temps de bien se laver et s'épurer.

20 *juin*. — Pendant ces premières vingt-quatre heures, il a été produit environ 1200 mètres cubes de gaz.

MM. Andrée et Fraenkel surveillent aujourd'hui le gonflement de l'aérostat; les autres membres vont excursionner au nord avec la chaloupe à vapeur sous la direction du lieutenant Norselius.

Le but du voyage est Red-bay située au nord-ouest du Spitzberg, près du 80e parallèle.

Nous quittons Virgo-bay à neuf heures du matin et nous nous dirigeons au nord en suivant le Smeerenburg. Sur le parcours, les fusils abattent divers oiseaux; à une heure nous arrivons sans incident à Red-bay, encore entièrement recouverte d'une immense plaine de glace qui vient jusqu'aux îles situées à l'entrée de la baie. Sur l'une de ces îles, qu'aucune carte polaire

DÉBARQUEMENT DE LA NACELLE.

ne nomme, nous prenons terre et mettons en fuite quantité d'eiders et un renard qui les guettait.

D'où nous sommes, l'œil découvre toute l'étendue du golfe.

La nature offre ici l'aspect le plus sauvage qu'elle nous ait encore montré. La baie s'ouvre sur le nord.

A l'est et à l'ouest, la baie est bordée de hautes montagnes s'élevant à pic et dont les cimes disparaissent dans le brouillard ; de larges fissures donnent asile à une énorme quantité d'oiseaux d'espèces différentes, faisant leurs nids à des hauteurs différentes ; les uns perchés sur les aspérités des roches, les autres décrivant de grandes paraboles ou planant comme les oiseaux de proie ; on y remarque surtout des oies sauvages, des goélands, le roi des algues, l'alca, etc. ; tous remplissent l'air de cris aigus, perçants, et vous assourdissent de leur diabolique concert.

Au sud, à 10 kilomètres environ, fermant le fond du golfe, se dresse une haute muraille formée d'un gigantesque glacier que sillonnent de profondes crevasses. Quelques rayons de soleil, filtrant à travers un léger brouillard, éclairent ce glacier qui renvoie des reflets bleuâtres.

Nous contemplons longuement cette grande face blafarde qui s'achemine invisiblement vers la mer, animée d'une force lente et mystérieuse, et d'où se détachent continuellement des quartiers de glace qui s'effondrent avec fracas, produisant de sourds bruits, semblables à ceux d'un tremblement de terre.

Il serait intéressant de faire le tour de Redbay, mais le temps nous manque, et il faudrait être pourvu de « ski » pour nous transporter sur la neige qui recouvre la glace. Nous remarquons dans la neige des empreintes d'ours blancs très fraîchement imprimées, mais c'est en vain que nous scrutons l'horizon avec nos jumelles, les animaux qui les ont faites restent invisibles.

Après un frugal repas pris en plein air, sur une roche, nous nous préparons au retour. Un brouillard froid et pénétrant s'est abattu sur la mer et nous enveloppe pendant deux heures; aussi avons-nous hâte de rentrer à bord du *Svensksund* pour nous réchauffer : il faut dire que nous avions négligé d'emporter des vêtements chauds.

Les 21 et 22 juin, le gonflement de l'aérostat se continue. A mesure que ce dernier s'élève, on revernit les coutures extérieures.

Pendant ce temps, M. Andrée prépare et aménage la nacelle, ajuste le cercle de suspension et les attaches des cordages. D'autre part, MM. Strindberg, Fraenkel et Svedenborg s'occupent des guides-ropes qu'ils enduisent eux-mêmes d'un mélange de suif et de vaseline.

Pour gagner du temps sur les travaux à faire au moment du départ, les charpentiers démolissent la moitié de la partie supérieure du hangar, côté Nord, jugée inutile par M. Andrée.

V

LES DISTRACTIONS AU SPITZBERG. — VÉRIFICATION DE L'ÉTANCHÉITÉ DU BALLON. — ARRIVÉE DES NAVIRES « EXPRESS » ET « LOFOTEN ».

Le gonflement de l'aérostat est terminé le 22 juin à minuit. Du navire, on voit apparaître sa coupole au-dessus du hangar ; notre ballon n'attend plus maintenant que le moment de s'élancer dans les airs.

Le lendemain matin, deux pavillons suédois flottent triomphalement au sommet de Ballonghus.

Mais avant le départ, il reste encore beaucoup de menus travaux à faire, de petits détails qui prennent toujours un temps trop long et, aujourd'hui, les travaux sont suspendus à midi : les coutumes suédoises célèbrent dès la veille la fête de la Saint-Jean, l'une des plus importantes fêtes scandinaves.

Le temps semble long pendant ces jours de repos. Les distractions sont rares et peu variées au Spitzberg. Les marins mêmes sont privés d'un de leurs jeux favoris : la neige des montagnes, ayant fondue en partie, a laissé à découvert de grosses pierres aiguës, entre lesquelles il serait dangereux de se laisser glisser. Cependant ils viennent de trouver un autre passe-temps. Sur le sommet d'une montagne voisine, s'élevant presque à pic, et dont ils parviennent à faire l'ascension, ils déplacent d'énormes morceaux de roches dont l'équilibre est problématique; ces derniers roulent du haut en bas, entraînant dans leur chute une avalanche de pierres qu'accompagnent des bruits sourds et prolongés qui se répètent d'écho en écho, semblables aux roulements du tonnerre; et nos marins s'amusent...

Pas plus que les matelots nous n'avons le choix des distractions au milieu de ces contrées désertes, loin de tout ce qui rattache à la vie;

on souffre de l'éloignement des siens, et depuis un mois déjà nous sommes exilés.

Absorbé par de vagues pensées, machinalement mes regards se portent vers la haute mer, espérant découvrir une voile venant nous rendre visite et apportant des nouvelles de la patrie. Mais, rien à l'horizon; si ce n'est, çà et là, quelques icebergs voguant au gré des flots.

Autour de soi, des monts, des roches arides, des neiges, des glaciers, pas de végétation pour égayer la vue ; on trouve seulement quelques variétés de mousses qui produisent des fleurettes blanches, violettes ou jaunes ; ces dernières fleurs, plus larges, ressemblent beaucoup aux boutons d'or qui parsèment, au printemps, les prairies de nos régions. La flore est excessivement pauvre dans ces parages glacials; quel contraste avec la luxuriante végétation que l'on trouve au Brésil, dont j'admirais la nature riche et fertile il y a trois ans, étant alors en mission pour le gouvernement militaire brésilien.

Pour vaincre la mélancolie qui, ce soir, commençait à m'envahir, je suis heureux de partir avec M. Fraenkel en excursion en canot. Nous prenons quelques provisions, et à neuf heures nous nous éloignons dans une direction indéterminée. Un beau soleil nous éclaire. Nous chassons quelques oiseaux, la plupart sont des eiders. Près de l'île Albert, dans le Smeerenburg, un groupe de phoques prenant leurs ébats sur la glace attire notre attention. Il est impossible d'arriver à eux par eau ; nous prenons pied et nous hissons notre canot sur la glace. Mais les prudents animaux plongent dès qu'on les approche ; il est inutile de les attendre au bord de leurs trous, car le phoque voyage fort loin sous l'eau pour ressortir à plusieurs centaines de mètres de l'endroit d'où il est parti ; il pratique alors une nouvelle ouverture ; son souffle seul, lancé et aspiré plusieurs fois, suffit pour percer des épaisseurs de glace de un mètre et plus.

Non loin de l'endroit où ont disparu les phoques, se trouve un espace libre de glace ; à tout hasard nous attendons quelques minutes au bord de ce petit lac ; deux d'entre eux apparaissent et sont immédiatement salués de nos balles ; l'eau se couvre de sang sur une large surface, mais les deux animaux, bien que blessés à la tête, ont eu la force de plonger et meurent sous la glace.

Contrariés, nous retournons au canot et nous continuons notre excursion dans le Smeerenburg dans le sud-est ; nous voulions atteindre les glaciers des ours, mais un épais brouillard nous surprend en route et arrête notre promenade.

Nous n'avons pas de boussole ; pour retourner et ne pas nous égarer dans le brouillard, nous sommes obligés de suivre les sinuosités de la côte, ce qui augmente sensiblement le parcours. Déjà dans le brouillard les objets nous apparaissent sous un aspect fantastique. En un endroit de la côte, que je connais parfaitement pour l'avoir parcourue plusieurs fois, une pierre de 5 à 6 mètres de hauteur nous paraît être une montagne de respectable dimension ; plus loin la glace qui borde la côte a environ 6 pieds d'épaisseur au-dessus de l'eau ; elle nous paraît être un glacier colossal ; ensuite, ce sont des eiders : ces animaux prennent des proportions effrayantes et semblent avoir 10 mètres de hauteur. Enfin, subissant de plus en plus ces curieux effets d'hallucination optique, prenant de petits glaçons pour d'énormes icebergs, nous croyons reconnaître un morse dans une masse mouvante paraissant avoir la taille d'une petite baleine ; nous nous rapprochons de l'animal que nous reconnaissons quand sa dimension paraît encore de 4 à 5 mètres : c'est un petit oiseau de la grosseur d'un pigeon !...

Après plusieurs heures d'un voyage énervant, transis par un froid humide et pénétrant, fortement ballottés par les vagues devenues houleuses, dont l'eau, lancée avec violence par un vent contraire, vient nous fouetter le visage, nous arrivons près de Virgo-bay au moment où le brouillard commence à s'éclaircir faisant disparaître peu à peu ces effets fantasmagoriques.

Nous sortons comme d'un cauchemar et nous sommes heureux de revoir enfin le soleil, qui nous caresse de ses chauds rayons.

Nous rentrons à bord du *Svensksund* à six heures du matin, après avoir erré pendant neuf heures sur mer, et au moment où chacun s'éveille.

On fête la Saint-Jean autant qu'il est possible de le faire ; le soir un copieux dîner est servi, et nous sommes tout étonnés, après plus d'un mois que nous n'avons pu nous ravitailler, de voir une telle variété de mets à ce dîner; ce sont les surprises que nous réserve le lieutenant Celsing, l'économe de notre navire.

25 *juin*. — Réveil des plus agréables, un marin me remet un paquet de lettres et de journaux : des nouvelles de France !... Qui ne s'est trouvé séparé des siens, loin de la patrie, dans une contrée triste et déserte comme le Spitzberg, ne peut connaître la joie que l'on éprouve lorsqu'un courrier fortuit vous apporte des nouvelles de ceux qui vous sont chers !...

Je parcours avidement lettres et journaux avant de m'informer du bâtiment qui les apporte. J'apprends ensuite que c'est un petit sloop, l'*Express*, loué à Tromsö par trois touristes allemands : MM. Th. Lerner, le docteur Fr. Violet et G. Meisenbach, venus excursionner au Spitzberg pour quelques semaines. Le petit vapeur a été fortement éprouvé durant sa traversée par une tempête qui lui a enlevé deux canots ; il part le soir pour le nord, à Mossel-bay, où se trouve un refuge qui contient en dépôt des provisions et des barques destinées aux naufragés ; nos touristes trouveront là de quoi réparer leurs pertes.

26 *juin*. — L'ingénieur Stake a passé la jour-

née d'hier à préparer de larges bandes d'étoffe légère, qui, imprégnées d'acétate de plomb, sont noircies aux endroits de contact avec le gaz hydrogène sulfuré. Placées sur les coutures du ballon, ces bandes nous permettent de découvrir

SUR LE BALLON.

les moindres traces de passage du gaz. Mais l'application pratique de ce procédé est difficile et demande quelques précautions. Pour aller sur le ballon, les extrémités d'un câble horizontal traversant le hangar en son diamètre sont fixées aux deux plus hauts mâts du sommet ; une poulie soutenant une corde en double roule sur le câble ; on met une jambe dans la corde et on se laisse glisser dans le vide jusqu'au ballon. Pour revenir, deux hommes ramènent la poulie à l'aide d'un palan ; quelques marins trouvent plus rapide et plus intéressant de redescendre en bas par les mailles du filet.

Nous sommes huit et même dix personnes travaillant sur la coupole du ballon gonflé, faisant force gymnastique pour nous maintenir aux cordages du filet. Les matelots, très habiles dans ce genre d'exercice, circulent autour du ballon tout à fait à l'aise ; j'avoue qu'au premier instant j'éprouvai une légère sensation de vertige qui, toutefois, fut de courte durée.

C'est un curieux effet de voir tant d'hommes sur cette enveloppe de soie, que soutient seul le gaz ; le fait est sans précédent dans l'histoire des ballons.

Si le travail que nous faisons est long et pénible, le résultat n'en est pas moins heureux. Nous trouvons ainsi de très légères fuites qui sont aussitôt aveuglées avec soin.

27 *juin.* — Aujourd'hui dimanche, nous recevons la visite d'un navire norvégien, le *Lofoten*, conduit par le capitaine Sverdrup, ex-capi-

taine du *Fram*, et qui a accompagné le docteur Nansen dans sa récente expédition dans les régions polaires.

Au nombre des touristes amenés par ce navire se trouve M. Stadling, l'un des membres de l'expédition Andrée l'an dernier et que le lecteur connaît déjà ; il restera désormais avec nous ; seulement, n'ayant plus de place à bord du *Svensksund*, M. Stadling prend résidence dans la maison Pike.

Le petit sloop *Express* est de retour de son voyage au nord à Mossel-bay ; trois vapeurs se trouvent réunis dans Virgo-bay, et lui donnent un aspect gai et animé qui s'y voit rarement.

Le *Lofoten*, parti de Hammerfest le 23 juin, nous apporte aussi quelques correspondances ; malheureusement, des journaux suédois nous apprennent la triste nouvelle de la mort du baron Dickson, le généreux mécène de M. Andrée, qui, la veille de notre départ de Gothenbourg, réunissait encore dans l'intimité les membres de l'expédition et prodiguait ses encouragements aux hardis explorateurs.

Saluons ici l'homme de bien, le philanthrope.

le savant, enlevé à l'affection des siens avant d'avoir vu l'achèvement de l'œuvre grandiose à laquelle il a attaché son nom.

Offrons à sa mémoire le tribut de notre respectueuse admiration et de notre reconnaissance.

VI

DERNIERS PRÉPARATIFS. — LES PRÉVISIONS.

28 *juin*. — Depuis plus de cinq jours déjà, le ballon est gonflé ; il a subi une perte de gaz que l'on peut approximativement évaluer à 150 ou 180 mètres cubes, soit une perte moyenne de 30 à 35 mètres cubes par vingt-quatre heures. Quand la vérification que nous faisons et qui s'étendra jusqu'à l'équateur sera terminée, l'étanchéité y gagnera encore, et le ballon sera sous ce rapport dans d'excellentes conditions.

Le *Lofoten* nous quitte ce matin à dix heures, en nous saluant de quatre coups de canon et de hourras répétés. Du sommet du ballon, je regarde évoluer ce gracieux bâtiment qui décrit une parabole autour du *Svensksund* ; les pavillons se lèvent

relié aux cordages du filet. Cette opération faite, on fixe sur ce cercle un mât de bambou horizontalement; à ce mât viendront se tendre les voiles qui déjà pendent aux cordages. Un jeu de poulies et de palans commandera les diverses manœuvres depuis la nacelle.

Les trois guides-ropes, du poids de 900 kilos, sont allongés au bord du rivage et viennent rejoindre le cercle ainsi que huit câbles de chacun 70 mètres de longueur formant un poids de 400 kilos. Ces derniers serviront, avec les guides-ropes, à empêcher au ballon de s'approcher trop près de terre, augmentant le délestage d'un poids de 400 kilos en plus de celui des guides-ropes, avant que la nacelle ne puisse heurter le sol. Dans ces conditions, le ballon conservera toujours sa zone d'équilibre, même sous l'action d'une tempête.

Les huit cordages précédents ont aussi un autre but important : ils serviront à rallonger les guides-ropes au cas où il serait nécessaire d'en sacrifier des parcelles qui se seraient fixées au sol pendant leur traînage. M. Andrée peut se débarrasser de la partie inférieure des guides-ropes par une vis bloquée par un ressort, qui relie cette partie au reste de la corde; un mouvement de torsion imprimé du haut de la nacelle suffira pour faire céder le ressort et la vis. Un second moyen consiste en un explosif de dynamite; ce dernier procédé est préférable, car, seule, la partie qui se trouvera accrochée à terre sera perdue.

L'emménagement de la nacelle est presque terminé; une grande quantité d'objets de toutes sortes y sont placés : les instruments, boussoles, sextants, longues-vues ; les appareils et accessoires photographiques ; des produits pharmaceutiques, des appareils de cuisine, des lampes et piles électriques, des armes, des munitions, etc., etc.; aucun petit espace qui ne soit utilisé ou n'ait sa destination, et il reste encore une large place pour un lit de repos et les fourrures.

Les vivres de l'expédition ont été déballés et sont exposés dans l'une des salles de la maison Pike. Comme l'an dernier, ils consistent en conserves et vins de toutes sortes. Le docteur Lembke surveille leur installation. Ils sont emmagasinés dans des pochettes étiquetées, en toile forte, réunies entre elles et superposées de façon à former un long sac ; trente-six sacs semblables contenant 750 kilos de vivres sont attachés au-dessus du cercle à trente-six cordes de suspension.

M. Andrée en emporte pour quatre mois seulement. Il juge que c'est suffisant, et qu'au cas d'hivernage sur la banquise, leurs armes serviront au ravitaillement; et montrant des cartouches, il dit en souriant : « Voici des vivres concentrés! »

Les provisions diverses qui restent sont rangées avec ordre dans la maison Pike; il y en a une grande quantité : de quoi nourrir un gros équipage pendant toute une année.

Douze cordes restantes reçoivent des traîneaux, des raquettes, des « ski », un canot formé d'une armature démontable en bois, que recouvrira une double enveloppe de tissu imperméable de même étoffe que le ballon; ce canot très léger mesure 5 mètres de long; c'est une merveille de construction.

On remarque avec une réelle surprise la quantité de matériaux qui trouvent leur place entre les cordages, sans gêner en quoi que ce soit, et disposés au-dessus de la plate-forme du cercle, à portée de la main.

Sur le plancher du cercle, bon nombre d'objets sont encore placés : des pics, des pelles, des haches, les ancres, un petit treuil, des bouées, etc. Tous ces objets sont en bronze ou en cuivre, les haches ont un tranchant d'acier encastré dans une pièce de cuivre.

M. Andrée emporte douze bouées porte-nouvelles, constituées chacune par une sphère de liège de 20 centimètres de diamètre, enduite d'une épaisse couche de peinture, partie bleue, partie jaune, entourée et protégée d'un filet en gros fil de cuivre. A la partie inférieure, un cône rempli de plomb leste la bouée et lui donne la forme d'une toupie; à la partie supérieure est un bouchon de cuivre portant les marques: « *Andree's Polar Expedition 1896* » et un numéro d'ordre; ce bouchon ferme l'orifice d'une cavité pratiquée dans le liège pour recevoir un tube où seront enfermés les documents ou les dépêches des explorateurs. La bouée est surmontée d'un ressort de cuivre en spirale qui supporte un petit pavillon suédois en métal mince.

Les bouées seront lancées sur le parcours de l'aérostat. Une treizième, plus grosse que les premières, est destinée au point de sa route le plus proche du pôle géographique qu'atteindra le ballon.

1er *juillet*. — On procède au pesage de la force ascensionnelle du ballon. Il est calculé qu'il peut emporter environ 1700 kilos de lest, compris la partie de cordages destinée à être employée comme lest, et qu'il pourra flotter un minimum de 30 à 35 jours. Cette durée pourra être prolongée en cas d'urgence, en sacrifiant les voiles et divers organes devenus inutiles, la nacelle au besoin, et une partie des guides-ropes, les explorateurs trouvant encore refuge sur le cercle où se tiennent tous leurs vivres et le matériel nécessaire. On obtient ainsi près de 800 kilos de lest supplémentaire, ce qui augmente de 20 jours la durée du voyage.

Les aéronautes peuvent donc rester dans les airs pendant plus de 50 jours, en conservant leurs vivres, les appareils et cordages indispensables.

Le départ se fera alors dans des conditions absolument rassurantes.

Quant au point d'atterrissage, les chances sont plus grandes pour toucher aux terres de la Sibérie d'Asie, qui offrent aussi une plus large étendue; viennent en second lieu les terres de l'Alaska dans l'Amérique du Nord. M. Andrée ne croit pas que l'aérostat puisse être entraîné vers le Grönland, couvert de glaciers gigantesques s'élevant à de très grandes altitudes, parce que les couches d'air inférieures environnantes subissent un rapide refroidissement au contact de cette incalculable masse glacée et que des courants se formeraient là pour rayonner tout autour.

Il n'y aurait que les courants de la haute atmosphère qui s'approcheraient de ces régions ; mais le ballon Andrée voyage toujours près de terre, c'est là, d'ailleurs, une de ses conditions de longévité. Nous n'avons donc pas à redouter que les explorateurs aillent se perdre dans les glaciers du Grönland.

Des vents variables peuvent promener l'aérostat pendant plusieurs jours sur la banquise et sur l'Océan avant qu'il ne rencontre une terre favorable à son atterrissage. On a vu précédemment qu'il pouvait flotter pendant plus de 50 jours ; à moins d'accident grave, tout d'imprévu, il y a donc tout lieu d'espérer qu'avant ce temps les aéronautes auront pris pied sur une terre hospitalière. Si par une cause imprévue, ils étaient obligés d'atterrir sur la banquise, ils auraient alors à opérer leur retour comme l'a fait le docteur Nansen.

Ce dernier, après avoir quitté son navire, le *Fram*, est resté, en compagnie du lieutenant Johannesen, pendant *quinze mois* sur la banquise, avec *trois mois* de vivres seulement.

M. Andrée emportera 32 pigeons voyageurs.

Nous supposons que quelques-uns reviendront à l'île des Danois où ils sont hébergés depuis plus d'un mois et qu'ils nous apporteront des nouvelles de nos amis. Mais nous craignons que ces messagers ne reviennent jamais en Suède; ils auraient, depuis le Spitzberg seulement, à franchir une distance de près de 2500 kilomètres pour retrouver leur colombier. Ceux qui seraient lâchés du Pôle auraient donc plus de 3500 kilomètres à faire, dont une grande partie dans des régions ne leur offrant ni abri, ni nourriture. Il n'y a pas eu encore, que je sache, d'aussi grandes distances parcourues par des pigeons voyageurs, et, probablement, ceux de l'expédition ne voudront pas quitter le ballon où ils auront le gîte et le manger, ou, s'ils s'en écartent, ce sera pour s'égarer dans les régions arctiques et y périr misérablement.

Aussi M. Andrée nous dit de ne pas nous inquiéter si l'on était sans nouvelles de lui pendant toute une année ; qu'il pouvait atterrir dans un endroit où les communications seraient difficiles, ce qui l'obligerait à hiverner chez des Lapons ou des Esquimaux, ou dans une contrée déserte, livré à ses seules ressources, et qu'il ne pourrait alors revenir que l'année suivante.

VII

AVANT LE DÉPART. — L'ATTENTE DU VENT SUD.

30 *juin.* — M. Andrée nous réunit en conseil pour décider ensemble des moyens à employer pour faire le départ de son ballon. Une grosse difficulté, c'est de sortir le globe aérostatique de l'abri qui l'entoure sans que le tissu ne coure le risque de s'avarier sur les bois de la construction.

Chacun émet un avis et, de toutes les idées réunies, on tire les conclusions suivantes :

« 1° Toutes les parties proéminentes du hangar où pourrait venir heurter le ballon seront garnies d'une épaisse couche de feutre, afin de prévenir tout accident à l'étoffe.

» 2° Le ballon sera entouré, à la hauteur de l'équateur, par de larges sangles, qui viendront se rattacher à la partie sud du hangar, de façon à l'empêcher de rouler sur ses amarres sous l'action du vent.

» 3° Le côté sud du hangar sera fermé le plus haut possible et le dernier étage sera garni de toiles pour augmenter la hauteur de l'abri; on tendra les toiles seulement au dernier moment.

» 4° Pour le départ, l'aérostat sera fixé solidement à terre par trois câbles attachés au cercle. On le laissera s'élever jusqu'à la hauteur nécessaire pour placer la nacelle, et, ensuite, il n'y aura plus qu'à dégager le ballon de ses sangles et à trancher les câbles pour lui donner la liberté. »

Aussitôt des ordres sont donnés pour l'exécution des travaux décidés.

Déjà les charpentiers circulent sur les fermes du hangar et se hâtent d'en capitonner toutes les parties saillantes intérieurement, tandis que des marins s'empressent de préparer les sangles et les toiles nécessaires.

Bientôt l'aérostat polaire est tout prêt à s'élancer dans les airs. Il ne reste à faire que les travaux indispensables lorsque le départ sera décidé : démolir la partie sud du hangar, ce qui ne sera pas long, M. Andrée ayant déjà fait démolir deux étages, et il n'est plus

LES MEMBRES DE L'EXPÉDITION.

nécessaire que d'en enlever un seul ; le dernier n'étant pas un obstacle, restera pour soutenir l'édifice.

La pose de la nacelle sera l'affaire de quelques minutes. Les jours suivants s'écoulent dans l'attente du vent favorable.

Depuis que nous sommes au Spitzberg, les vents venant du nord ont soufflé continuellement. Jamais nous n'avons constaté de courant sud quelque peu appréciable; la direction est toujours restée variable dans le secteur ouest-nord-est. M. Andrée en tire bon augure, et il espère, il est persuadé même, que cet état ne peut persister longtemps encore, que bientôt un changement s'opérera dans l'atmosphère des régions arctiques, et que les vents sud régneront à leur tour.

Ces jours d'attente sont bien tristes et monotones : l'oisiveté rend mélancolique; on recherche les distractions. Aux heures des repas, alors que tous les membres de la grande famille sont réunis, la gaîté revient et, à la moindre occasion, on ne manque pas de faire de petites fêtes intimes, quelquefois originales et comiques, et où chacun trouve du plaisir.

En Suède, l'anniversaire d'une naissance est toujours célébré pompeusement ; la personne intéressée reçoit souvent des cadeaux, des félicitations, etc. Demain, nous avons l'anniversaire du docteur Lembke, un bien gai et bien agréable compagnon, à qui nous avons donné, dès notre arrivée à l'île des Danois, le titre de *Roi du Spitzberg*, que lui ont valu sa corpulence et sa haute stature.

Chacun se creuse la tête pour choisir un cadeau à offrir à Sa Majesté, mais c'est bien difficile au Spitzberg, où les ressources sont forcément limitées.

Cependant on fait des préparatifs, et le matin, avant le réveil de notre docteur, chacun apporte son offrande : M. Strindberg, c'est une couronne royale fabriquée dans un morceau de tuyau à gaz en soie, dont il a dentelé avec art la partie supérieure ; M. Fraenkel, un ballon de baudruche tout gonflé d'hydrogène, orné d'une longue banderole aux couleurs vives ; l'ingénieur Stake, une boîte de mouchoirs découpés dans les bandes d'étoffe qui ont servi à éprouver l'étanchéité du ballon ; un autre, des œufs d'eider portant des inscriptions humoristiques ; enfin, des boîtes de chocolat, de biscuits, de bonbons, de fruits, etc., etc., et un bouquet composé de mousses aux fleurettes blanches et violettes, groupant toute la flore de la région.

A table, la place du couvert de notre docteur est entourée d'une large bordure de mousses diverses, sur laquelle reposent des raisins secs, des amandes, des oranges, etc.

L'offre des présents donne lieu à une petite cérémonie des plus piquantes; chaque cadeau, plus ou moins original, est accueilli avec une franche gaîté. Et, le soir, le champagne coule à flots pour accentuer nos témoignages de sympathie au *Roi du Spitzberg*... dont la verve ne tarit pas en historiettes amusantes et comiques, mais qui demande à laisser sa couronne pour continuer une vie plus animée et plus simple au milieu des siens.

5 *juillet*. — Depuis notre arrivée à l'île des Danois, sauf les trois ou quatre premiers jours, nous n'avons eu ni pluie, ni neige; la température, peu variable, s'est toujours maintenue à quelques degrés au-dessus de zéro, une douce chaleur se faisant sentir au soleil, à l'abri du vent.

Aujourd'hui le changement annoncé par M. Andrée semble se produire, et, pour la première fois depuis notre arrivée, il pleut; et le vent souffle du sud-est.

6 *juillet*. — Le voilà enfin, ce vent sud tant attendu, tant désiré! Il souffle en tempête. La

pluie a cessé; de gros nuages filent au nord; quelques heures suffiraient pour conduire les explorateurs au but.

M. Andrée se livre à des observations météorologiques pendant que l'on commence les premiers préparatifs. On met immédiatement l'appareil à gaz en marche pour faire le plein du ballon.

Tout est bientôt prêt ; on n'attend, pour démolir le hangar, que les ordres de M. Andrée qui, livré à ses observations, médite longuement et paraît indécis. Il va d'un instrument à l'autre, relève la direction des vents indiquée aux différents postes, compare avec celle des nuages; il lui est difficile de s'y reconnaître; le baromètre a subi une dépression trop rapide; c'est bien par une dépression barométrique qu'il faut partir, mais on en attend une lente et progressive. Enfin, après deux heures d'études, M. Andrée revient lentement nous faire connaître le résultat de ses recherches. D'une voix calme et ferme, il dit qu'il renonce au départ aujourd'hui, parce que le vent, très favorable en ce moment, ne sera pas de longue durée. Il en est vivement contrarié, mais il espère qu'avant peu, il y aura d'autres courants, plus stables et plus favorables; toutefois, passé le 15 juillet, dit-il, il partira à la première occasion, même dans des conditions atmosphériques médiocres; il craint aujourd'hui de compromettre le succès de l'expédition par un départ prématuré.

On le voit, M. Andrée joint à l'expérience du savant une grande prudence; et ses prévisions sont d'ailleurs justifiées; le lendemain le vent nord a succédé au vent sud, et nous attendons toujours...

9 *juillet*. — Mauvais temps, pluie avec vent de l'ouest. Un voilier norvégien vient s'abriter dans notre baie. Il revient de la banquise où l'équipage a chassé les phoques et en a tué plus de 700; les matelots travaillent au dépècement de ces animaux; les peaux sont salées et la graisse emmagasinée dans des barils pour être livrée à la fabrication de l'huile.

10 *juillet*. — Le mauvais temps continue avec brouillards froids et pluies.

Le *Lofoten* vient nous faire visite pour la seconde fois, avec des touristes plus nombreux. Parmi ces derniers, je suis tout heureux de retrouver des amis de ma famille : M. et

Mme H. Vieillard, avec deux autres français, M. Obermeyer, rédacteur au *Figaro*, et sa dame. Je regrette vivement de n'avoir le temps de parler longuement avec mes compatriotes ; le *Lofoten* remplit un service régulier entre Hammerfest et Advent-bay ; il a peu de temps à dépenser, ayant allongé son trajet pour venir jusqu'à l'île des Danois, et ne s'arrête guère plus d'une heure à Virgo-bay.

Le soir, le ciel se dégage, la pluie cesse, et un vent violent souffle du sud-ouest; le baromètre, qui descend depuis deux jours, continue lentement; nous avons des chances d'avoir le vent favorable à l'expédition.

VIII

LE DÉPART.

Dimanche 11 *juillet*. — Vent sud très prononcé! Est-ce sérieux cette fois?...

N'est-ce pas encore une fausse alerte?...

M. Andrée et ses compagnons consultent longuement les divers instruments à chaque poste d'observations; les conditions atmosphériques paraissent favorables.

Avec M. Andrée, nous faisons l'ascension du hangar, pour examiner attentivement les travaux exécutés et nous entendre sur les manœuvres à faire pour le départ.

Le vent est très violent, l'édifice de bois vibre sous nos pieds ; je crains parfois qu'il ne s'écrase sous la poussée du vent et ne détruise le ballon ; mais cette construction d'apparence légère est très solide, elle en a d'ailleurs fourni d'excellentes preuves. En outre, une montagne de 100 mètres de hauteur l'abrite.

Après avoir passé en revue les divers préparatifs, M. Andrée retourne à ses observations pendant quelques minutes ; le résultat en est favorable ; la direction du vent est bien déterminée ; mais M. Andrée n'ordonne pas le départ : il n'ose cette fois prendre seul la responsabilité de cette décision et consulte ses collaborateurs.

Il est bien délicat, pour les membres restants, M. Svedenborg et moi, d'émettre une opinion ; c'est aux intéressés directs de se prononcer : MM. Strindberg et Fraenkel désirent vivement partir aujourd'hui, d'ailleurs, qu'attendre encore?... Les jours s'écoulent, la saison s'avance ; le plus tôt sera préférable.

DÉPART DU BALLON.

M. Andrée n'exprime pas son avis; inutile d'ailleurs, nous le devinons : il a hâte de pouvoir enfin se lancer à la conquête du Pôle; et prononce seulement : « Le départ est décidé. »

Nous retournons à bord du *Svensksund* où les marins en tenue, et en présence des officiers, assistaient à un court service divin, après avoir passé la revue de chaque dimanche.

Aussitôt la décision connue, le commandant Ehrensvärd transmet des ordres pour que tout l'équipage revête immédiatement les vêtements de travail.

Deux voiliers norvégiens, revenant du Nord, font leur entrée dans la baie et s'apprêtent à jeter l'ancre en face Ballong-hus. Des signaux sont échangés pour les prier de se ranger au large afin de laisser libre passage au ballon Andrée qui doit partir dans quelques heures.

Les travailleurs sont prêts; déjà les canots les transportent à terre.

Les charpentiers et une équipe de marins escaladent vivement le hangar dont ils démolissent la partie nord avec une surprenante rapidité.

Il est onze heures du matin. M. Andrée est là, debout devant le hangar, veillant à tout; ses ordres se succèdent, brefs ; sa voix tonne, renforcée encore d'un porte-voix. On n'entend plus que le craquement des pièces de charpentes descellées qui s'écroulent, et les panneaux de bois qui viennent s'écraser sur le sol ; une équipe de manœuvres écarte les débris au fur et à mesure de leur chute.

Du côté sud, au sommet du hangar, des marins tendent les toiles entre les mâts, élevant ainsi de 4 mètres la hauteur de l'abri.

Partout règne une activité fébrile ; les préparatifs avancent très vite.

Bientôt on s'occupe du ballon qui s'élève doucement, à mesure que, de maille en maille, on descend les sacs à lest qui sont arrêtés autour du cercle.

Le vent est de plus en plus violent; des remous d'air atteignent le ballon qui oscille légèrement ; les sangles équatoriales le soutiennent parfaitement et limitent ses mouvements.

On dispose avec ordre les cordelettes qui commandent les soupapes de manœuvre et le volet de déchirure ; ces délicats organes demandent une constante surveillance pendant ces dernières manœuvres, afin de prévenir tout fonctionnement malencontreux.

M. Stadling suspend au-dessus du cercle, à un cordage horizontal, une série de paniers où sont enfermés les pigeons voyageurs.

Cette première partie des préparatifs terminée, on commence à retirer des sacs à lest jusqu'à ce que l'aérostat s'équilibre. Le cercle reste solidement fixé au sol par trois câbles assez longs pour lui permettre de s'élever à la hauteur nécessaire pour placer la nacelle. Le reste des sacs de lest est réuni en trois groupes suspendus au cercle par trois cordages.

On approche la nacelle, qui, avec tous les matériaux qu'elle contient, pèse près de 500 kilogrammes. Elle est glissée à sa place, et rapidement reliée au cercle par les six câbles soutenant sa construction.

M. Andrée fait le tour du hangar et du ballon, donne un dernier coup d'œil, s'assure que tout est prêt, bien paré.

L'heure solennelle est arrivée.

M. Strindberg, qui fut toujours pour moi un

grand ami, étroitement liés par les mêmes sentiments, vient me prier d'adresser à sa fiancée des épreuves des dernières photographies que je réussirais et qui pourraient l'intéresser. Il est très ému en me parlant; ce n'est pas la crainte des périls qu'il va affronter, ce sont d'autres sentiments qui l'agitent en cet instant; il m'est facile de les deviner.

Quand reverra-t-il cette charmante Suédoise dont il m'a si souvent montré la photographie qu'il emporte sur son cœur?...

Combien de jours, de mois, restera-t-elle privée de nouvelles, dans l'attente?...

Que d'angoisses, de péripéties diverses, en perspective pour cette pauvre jeune fille?...

Mais quelle joie au retour glorieux du bien-aimé!... Quels solides liens d'affection ils auront puisés l'un et l'autre dans cette dure et longue séparation!...

Oh! combien je leur souhaite de grand cœur ce bonheur!

Très ému aussi, je serre convulsivement la main de cet ami, qui quitte ce qu'il a de plus cher au monde pour l'accomplissement glorieux d'une œuvre scientifique, et dans une dernière étreinte je lui promets, une fois encore, que son désir sera pour moi un devoir!

Il remet une dernière lettre à l'adresse de sa fiancée ; puis, surmontant l'émotion qui le gagne, il rejoint MM. Andrée et Fraenkel qui, déjà, font leurs adieux.

M. Andrée remercie tous les membres de l'expédition du concours qu'ils ont apporté à son œuvre. Il remet au commandant plusieurs télégrammes écrits à la hâte et à la dernière minute; l'un d'eux, adressé au roi de Suède, est ainsi libellé :

« Spitzberg, 11 juillet, 2h,25 soir.

» Au moment de leur départ, les membres de » l'expédition au pôle Nord prient Votre Majesté » d'accepter leur très humbles salutations et » l'expression de leur plus vive reconnais- » sance.

» Andrée. »

Un autre télégramme à l'adresse du journal *Afftonbladet*, à Stockholm, dit :

« Conformément à notre décision antérieure, » nous avons commencé dimanche à dix heures » trente-cinq les préparatifs de notre ascension,

» et en ce moment, à deux heures et demie de » l'après-midi, nous sommes prêts à partir.

» Nous serons probablement poussés dans la » direction du nord-nord-est; nous espérons » arriver peu à peu dans des régions où les vents » nous seront plus propices.

» Au nom de tous nos camarades, j'adresse » notre salut le plus chaleureux aux amis, à la » Patrie!

» ANDRÉE. »

Rapides et touchants sont les derniers adieux, peu de paroles échangées, mais de bonnes et franches poignées de mains où les cœurs se comprennent et parlent plus que tous les discours.

Subitement, M. Andrée s'arrache à l'étreinte de ses amis et pénètre sur le pont d'osier de la nacelle, d'où il appelle d'une voix ferme :

« STRINDBERG... FRAENKEL... PARTONS !... »

Aussitôt ses deux compagnons s'approchent et prennent place à côté de lui. Ils s'arment tous les trois d'un couteau pour trancher les cordages soutenant les groupes de sacs à lest.

Cette manœuvre faite, le commandant Ehrensvärd et les lieutenants Norselius et Celsing transmettent à leurs marins les ordres qui sont ponctuellement exécutés.

Les sangles équatoriales tombent d'un coup.

L'aérostat, débarrassé de cette première entrave, s'agite légèrement; il sort de l'état de torpeur où il semblait plongé; la vie paraît l'animer et, malgré son abri, il roule doucement sur ses amarres inférieures dont il cherche à se dégager.

Il faut attendre quelques secondes et profiter d'une accalmie pour donner l'ordre du départ.

Trois marins, des plus adroits, armés d'un couteau, se tiennent prêts, à un signal convenu, à trancher les trois câbles, qui seuls retiennent captif le ballon.

Tout l'équipage du *Svensksund* est là, augmenté des matelots des trois baleiniers norvégiens actuellement ancrés dans Virgo-bay.

Un grand silence règne à cette solennelle minute; on entend seul le sifflement du vent à travers les joints des planches du hangar, et le froissement des toiles, violemment agitées, qui garnissent la partie supérieure du côté sud.

Entre les cordages de la nacelle, se dressent les trois héros, admirables de sang-froid.

M. Andrée est toujours l'homme calme, froid, impassible; pas la moindre émotion ne se tra-

SUR LE PONT DU « SVENSKSUND ».
MM. FRAENKEL, ANDRÉE, SVEDENBORG, STRINDBERG.

duit sur son visage, si ce n'est l'expression d'une ferme résolution et d'une volonté inébranlable.

C'est bien à un tel homme qu'il appartenait de conduire une pareille entreprise; il est d'ailleurs bien secondé par ses deux énergiques compagnons.

Arrive le moment décisif :

« Un !... deux !... Coupez !... » s'écrie en suédois M. Andrée... Les trois marins exécutent l'ordre spontanément... une seconde à peine... le navire aérien, libre de toute entrave, s'élève majestueusement dans l'espace, salué de nos plus vifs hourras.

On se précipite aux portes pour sortir du hangar; j'ai la chance de passer l'un des premiers par une ouverture secrète que je m'étais ménagée dans la cloison, de courir à mes appareils photographiques et d'avoir le temps de prendre quelques clichés à ce moment unique.

Chargé des lourds cordages qu'il soulève, l'aérostat n'atteint pas 100 mètres d'altitude.

Le vent l'entraîne.

Derrière la montagne qui nous abritait, il règne des tourbillons de vent et un courant descendant du sommet, dont l'influence s'exerce sur le ballon qui, un instant, s'abaisse rapidement en se dirigeant vers la mer. Cet incident, que nous avions prévu avant le départ, mais que peu des assistants s'expliquent de prime abord la cause toute naturelle, produit une profonde émotion parmi quelques-uns ; déjà des marins se pré-

M. K. FRAENKEL.

cipitent du côté des canots pour porter secours aux explorateurs qu'ils croient voir venir s'engloutir dans les flots. Leur alerte est de courte durée; le mouvement descendant se calme très vite, et à peine la nacelle vient-elle effleurer l'eau pour remonter aussitôt.

Malheureusement, les parties inférieures des guides-ropes, qui devaient se détacher au cas où elles se fixeraient au sol, sont restées le long de la côte; au départ, ces cordages se sont coincés entre des grosses pierres du rivage, et les vis de séparation des parties ont fonctionné. Mais M. Andrée a de quoi suppléer largement à cette perte, et cet accident ne peut avoir d'importance fâcheuse.

Au bord des flots, sur la grève hérissée de roches et de galets, nous sommes tous là, spectateurs haletants, suivant les diverses phases qui se succèdent, rapides, de cet émouvant et unique départ aérien.

L'aérostat, équilibré à quelques 50 mètres au dessus de la mer, s'éloigne avec une grande vitesse; les guides-ropes glissent sur l'eau en traçant un large sillon très accentué, qui reste apparent depuis le point de départ, semblable à celui que laisse le passage d'un navire.

La situation nous semble être pour le mieux à bord; nous échangeons les derniers signaux

LE GENIE CIVIL, PARIS

FERNIQUE & FILS, PH.

VUE DU BALLON PRISE IMMÉDIATEMENT APRÈS SON DÉPART.

d'adieu avec nos amis ; les mouchoirs et les chapeaux s'agitent frénétiquement.

Bientôt on ne distingue plus les aéronautes ; mais on peut voir qu'ils s'exercent aux manœuvres de leurs voiles ; celles-ci se tendent successivement sur leur mât de bambou ; puis nous pouvons constater un changement de direction.

L'aérostat vogue maintenant droit au nord ; il a une marche rapide, malgré la résistance que doivent opposer les cordages traînants ; on évalue approximativement sa vitesse entre 30 et 35 kilomètres à l'heure. S'il conserve cette vitesse initiale et sa direction, il pourra atteindre le pôle en moins de deux jours.

Le globe aérien ne paraît plus maintenant que de la grosseur d'un œuf ; à l'horizon un obstacle est sur sa route ; c'est le prolongement d'une chaîne de montagnes peu élevées, environ 100 mètres de hauteur, à l'endroit où doit passer le ballon. Celui-ci semble très près de l'obstacle, et quelques marins qui n'ont jamais vu de départs aérostatiques, s'agitent avec effroi autour de moi ; ils craignent que les explorateurs ne rencontrent là un fatal écueil. Je les rassure, le ballon est loin encore de la montagne, qui sera facilement surmontée, sans même que les

M. A. MACHURON.

aéronautes soient dans la nécessité de perdre du lest.

L'aérostat voyage en suivant une zone d'équilibre dont il ne peut s'écarter, maintenu qu'il est par ses guides-ropes. Vers la chaîne de montagnes, le courant exerce une contre-pression pour passer au-dessus; le ballon obéira au courant; il ne risquerait de heurter l'obstacle que s'il était en mouvement de descente, ce n'est pas le cas. D'autre part, les guides-ropes reposent les premiers sur les roches et délestent l'aérostat qui s'élève graduellement.

On le voit dépasser la hauteur du sommet du mont, se dessiner quelques minutes dans le ciel bleu, pour redescendre derrière la montagne et se cacher à nos regards.

Épars le long de la côte, nous sommes toujours là, immobiles, les cœurs serrés par l'émotion, et, d'un œil anxieux, nous scrutons l'horizon qui reste muet.

Un instant encore, entre deux montagnes, nous apercevons un point gris flotter au-dessus de la mer, loin, bien loin... et qui disparaît définitivement.

La route du Pôle est libre, plus d'obstacles à franchir; la mer, la banquise, et... l'Inconnu!...

Quand nous nous regardons, il y a un moment de stupeur. Instinctivement, nous nous rapprochons les uns des autres sans mot dire.

Rien !... plus rien dans le lointain qui puisse nous révéler où sont nos amis : à présent le mystère plane autour d'eux.

« Adieu, savants héroïques !... Nos vœux les » plus ardents vous accompagnent. Que Dieu » vous soit en aide !

» Honneur et gloire à vos noms ! »

ALEXIS MACHURON.

UNE DÉPÊCHE D'ANDRÊE

A la dernière heure, une dépêche d'Andrée nous est communiquée, nous montrant la marche du hardi explorateur. Nous la reproduisons avec sa traduction et le dessin de l'étui qui la contenait.

(1)

Från Andrées Polarexp
till *Aftonbladet, Stockholm*
d. 13 juli
Kl. 12.30 midd
Lat. 82° 2'
Long 15° 5' ost.
god fart åt
ost 10° syd.
Allt väl
ombord.
Detta är
tredje duf-
posten.
Andrée

„Von Andrée's Polarexpedition an Aftonbladet, Stockholm.

13. Juli, 12 Uhr 30 Mittags, 82° 2' n. Br. 15° 5' östl. L. Gute Fahrt nach Ost 10° Süd. An Bord Alles wohl. Dies ist meine dritte Taubenpost.

Andrée."

(1) « *Expédition polaire Andrée au* Aftonbladet *Stockholm.*

» 13 juillet, midi 1/2. 82°2′ nord latitude, 15°5′ est

longitude. Bonne marche vers est, 10° sud. Tout va bien à bord. C'est la quatrième dépêche par pigeon.

» ANDRÉE. »

Un navire vient d'être envoyé par ordre du ministre de la marine à la recherche de l'expédition Andrée. Il emporte avec lui pour six mois de vivres. Nous ne doutons pas qu'il ne nous ramène au printemps Andrée et ses courageux compagnons... qui, selon toute probabilité, doivent hiverner en ce moment sur la banquise.

(*Note de l'éditeur.*)

PRIME A NOS ACHETEURS

Tout acheteur d'Andrée « Au pôle Nord en Ballon » *recevra comme prime une superbe planche en couleurs représentant le départ du ballon* l'Ornen *vers le Pôle. Cet envoi sera fait contre le présent bulletin détaché, portant le nom et l'adresse du destinataire et accompagné d'une somme de* 1 *franc en mandat ou timbres-poste*

Cette planche est vendue en librairie 2 *fr.* 50

M ....

Demeurant à ....

....

9395-97. — CORBEIL. IMPRIMERIE ÉD. CRÉTÉ.

www.ingramcontent.com/pod-product-compliance
Ingram Content Group UK Ltd.
Pitfield, Milton Keynes, MK11 3LW, UK
UKHW022052260726
13993UKWH00001B/72